お金持ちは、お札の向きがそろっている。

中谷彰宏

PHP文庫

○本表紙図柄＝ロゼッタ・ストーン（大英博物館蔵）
○本表紙デザイン＋紋章＝上田晃郷

【この本は、3人のために書きました。】

① お金の悩みから、解放されたい人。

② お金持ちに、なりたい人。

③ お金で苦労している人を、助けてあげたい人。

まえがき

割り勘で1万円札を出す人は、お金持ちになれない。

割り勘で1人6000円ずつ出す時に、平気で1万円札を出す人がいます。

これは幹事さんが最も困ることです。

店の人に言えば両替してくれます。

でも、できるだけ細かくしてくれたほうが助かるのです。

一方で、自分が幹事でなくとも、お釣りが足りなくなると考えて、できるだけ細かいお金を渡す人もいます。

1万円札を平気で出す人は、トイレットペーパーを自分のところで使い切って「セーフ」と思う人です。

でも、それはセーフではなく、アウトです。
日常生活のすべての行為がお金につながります。
「お金以外はこうしているけど、お金ではこんなふうにやっている」
ということはないのです。
トイレの入り方で、その人がどういうお金の使い方をしているかがわかります。
お金の使い方だけで、お金持ちになれるかどうかが決まるわけではないのです。

金運をよくするために 1

割り勘で、1万円札を出さない。

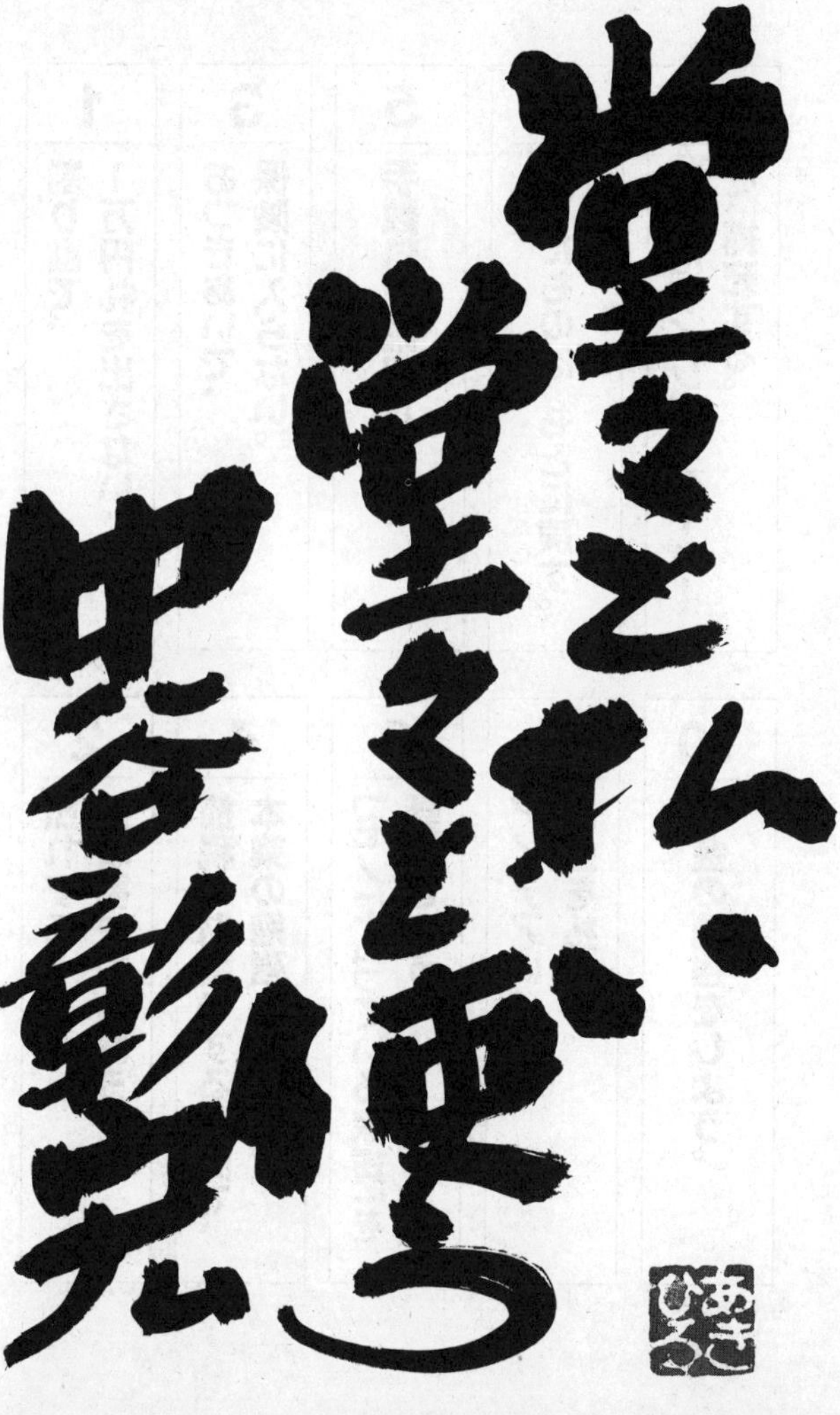
中谷彰宏

金運をよくするための50の具体例

1
割り勘で、1万円札を出さない。

2
照れずに、領収書をもらおう。

3
おつきあいで、保険に入らない。

4
節税の勉強をする時間で、本業の勉強をしよう。

5
手数料を確認しよう。

6
「モノに払っている家賃」を計算しよう。

7
使ったものは、もとに戻す。

8
アイデアに、お金を払おう。

9
切れたトイレットペーパーを、補充する。

10
お金の勉強をしよう。

11 健康管理をしよう。

12 ケガの予防のために、マッサージをしよう。

13 ベストの状態を基準にしない。

14 「暗くなる節約」をしない。

15 「キビキビする節約」をしよう。

16 ズルをした人のマネをしない。

17 損切りしよう。

18 「お金持ち」イコール「悪人」と思い込まない。

19 子供に、お金を残さない。

20 モノの値段を「高い」と言わない。

21
平均値で、物事をとらえない。

22
出会いに、お金をかけよう。

23
松竹梅の「竹」を選ばない。

24
堂々と、値札を見る。

25
たまには、値段を見ずに買ってみよう。

26
値切らない。

27
値引きを、得と考えない。

28
ちょっと高いお店で、会議をしよう。

29
お金がない時に、好きなことをしよう。

30
トライ&エラーにお金をかけよう。

31
「お金」と「感謝」を、受け取ろう。

32
身近な人を喜ばせよう。

33
お札の上下をそろえて払おう。

34
お札の向きを、そろえて財布に入れよう。

35
お金を目的にしない。

36
体験にお金を払おう。

37
他人に投資するより、自分に投資しよう。

38
好きなものに「高い」と言わない。

39
安いと思う仕事は、やらない。

40
長期的に稼げるほうを、優先しよう。

41
おいしい仕事に、
飛びつかない。

42
人脈づくりに、
お金をかけよう。

43
時間を売らない。

44
言いにくいお金の話を、
先にしよう。

45
予算がないことを
最初に言おう。

46
満足と交換に、
お金を受け取ろう。

47
お金がない時は、
時間で返そう。

48
偉くない人にこそ、
横柄にならない。

49
ギャラが安いことを
言いわけにしない。

50
お金と交換に、時間と友達を
なくさないようにしよう。

お金持ちは、お札の向きがそろっている。

Contents

CHAPTER

1 大きなお金を手にする人の考え方

CHAPTER

2 お金を引き寄せる行動

CHAPTER 3

お金がめぐり戻ってくる賢い使い方

CHAPTER

4 お金持ちの、お金に対する態度

CHAPTER 5 お金持ちの仕事術

CHAPTER

1

大きなお金を手にする人の考え方

2 領収書をもらうことを、照れない。

お金持ちになれない人には、共通点があります。

1つは、領収書をもらうのが照れくさい人です。

これは男性にありがちです。

女性と一緒にごはんを食べに行って、支払いの時に「すみません、領収書下さい」と言えないのです。

連れの女性に「会社の経費で落とそうとしている」と思われたらイヤだからです。

お店の人が「領収書はいかがいたしましょうか?」と聞くのもヘンです。

そういう店はまず流行《はや》りません。

タクシーの運転手さんも「領収書はどうしますか？」といちいち聞きます。

いつも黙って領収書を出せばいいのに、その手間をめんどうくさがるのです。

黙って領収書を出すレストランやタクシーの売上げは、絶対伸びます。

女性と一緒に乗ったタクシーで、たとえ７１０円でも「すみません、領収書下さい」と言えるかどうかです。

ほとんどの男性は、もらっても仕方がない時は言えません。

会社の経費で落ちる時は言いますが、今はほとんど落ちません。

「どうせ自腹なのに会社の経費と思われたら損だ」と思って言えないのです。

領収書は、経費で落とすためではなく、出ていくお金を把握《はあく》するために必要なものです。

ケチな男かどうかは、領収書をもらうかどうかでは判断されません。

一緒にごはんを食べているやりとりの中で判断されるのです。

時々、男性が見栄《みえ》っぱりで女性がしっかりしていることがあります。

女性が「すみません、領収書下さい」と言うのです。

忘れ物をしても、領収書があれば確認できます。

「領収書下さい」と言うのが恥ずかしい人は、ふだんから「領収書」イコール「経費で落とす」という頭しかないのです。

「お金」イコール「浅ましいこと」と考える人は、お金の話ができません。

「お金」イコール「浅ましいこと」と感じない人は、平気でお金の話ができるのです。

金運をよくするために

2

照れずに、領収書をもらおう。

3 おつきあいの保険加入を断れる。

久しぶりの友達から連絡が入ります。「懐かしいね。何してるの？　今度ごはん食べよう」と言って、一緒にごはんを食べに行きます。

昔話に花が咲いて、別れぎわに「ちょっとお金貸してくれない？」と言われたらショックを受けます。

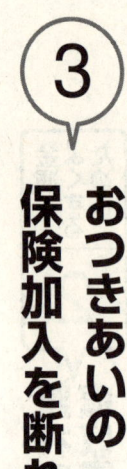

今まで「懐かしいな」と思っていた気持ちが、「結局『お金貸して』の前ふりだったの？」と思った瞬間に、過去の思い出まで汚れてしまうのです。

盛り上がったあと、唐突に「で、保険は何入っているの？」と聞く人もいます。

その前に、友達が病気になって、入院して仕事を休んで大変なことになっているらしいという軽いジャブを打っています。

聞く人は「なんだ、保険の話の前ふりだったのか」と思います。

月々の保険料は自動的に引き落とされます。

「そういえば、何か入ったような気がする」ということになりがちです。

今、自分がどこの保険に月々いくら払っているかを把握している人は、きわめて少ないのです。

それを即答できる人は、お金持ちになります。

即答できない人は、友達に「実は保険会社に転職したんだけど、今月のノルマが達成できないから、1カ月でいいから入って」と言われて、パンフが登場するのです。

本当は、1カ月でいい保険はありません。

「最初の分を僕が払っておくから、印鑑だけ押して」と言われるのです。

領収書をもらえない人は、ここで断れません。

結局、おつきあいで保険加入をすることになるのです。

必要があって保険会社に相見積もりをとらせて保険を決めた人は、自分の保険のことをちゃんと把握できています。

ところが、おつきあいで保険に入っている人は必要がないからわからないのです。

月収20万円、家賃2万5000円で暮らしている人がいます。

「家賃2万5000円なんて、偉いな、この人は」と思います。

「なかなか遊びのお金がつくれない」と言います。

「20万円のインカムではそうだよな。何にかかります？」と聞くと、

「保険もあるしさ」「保険も意外にしますよね」「10万円だよ」と言うのです。

つきあいで断れなくて、いくつも保険に入っているのです。

それで「お金がない、お金がない」と言っているのです。

つまり、友情としての見栄を張っているのです。

そういう人は、友達が借金に来たらつい貸してしまうのです。

実は、お金のコントロールは感情のコントロールです。

感情をコントロールできない人は、お金をコントロールできません。

「領収書下さい」と言うのが恥ずかしい人は、その時点で人からどう見られるかばかり気にしています。

今さら断れなくなって、「いい友達ぶりたい」という感情のコントロールができないのです。

つまり、感情をコントロールできないことに対しての対価を払っているのです。

お金のコントロールとは、お金の知識の問題ではなく、いかに感情をコントロールできるかということなのです。

金運をよくするために

3

おつきあいで、保険に入らない。

4 3万円節税しても、30万円の損になる。

お金は強力な友達です。

できれば仲よくしておいたほうがいいのです。

私は1億円、10億円の話はしていません。

710円の領収書の話をしています。

実は、小さな金額をどう使いこなせるかで、お金持ちになれるかどうかが分かれるのです。

誰しも税金はできるだけ払いたくないと思っています。

給与明細を見ると、数%、数万円の税金が引かれています。

ここで「なんでこんなに税金が高いんだ」と怒る人は、税金の勉強を一切していません。

サラリーマンの税金徴収は会社の経理でやっています。

自分の所轄の税務署がどこにあるかわからない人は、税金の議論をしてはいけません。

そういう人は、人にやってもらいながら文句だけ言っているのです。

節税のために、本を何冊も読んで一生懸命税金の勉強をする人がいます。

それで税金が3万円安くなります。

でも、その時間を本業に充《あ》てたら30万円儲かっていた可能性があるのです。

ここで税金に対する1つの勘違いが起こります。

節税の勉強をしすぎて、本業がおろそかになって、本業の収入が下がります。

税金で3万円浮いても、本業で30万円売上げが減るのです。

これでは本末転倒です。

しっかり稼いでたくさん税金を払うのが、正しいやり方です。

そういう人がお金持ちになります。

税理士さんに「何かうまい方法はないですか？」と聞く人は、決してお金持ちにはなれません。

本当にうまい方法があったら、税理士さんはみんな大金持ちになって大豪邸に住んでいます。

でも、税理士さんは普通の暮らしをしています。

そこを見ればわかるのです。

税金に抜け道などありません。

税金に文句を言うよりも、本業に精を出したほうがはるかにいいのです。

金運をよくするために 4

節税の勉強をする時間で、本業の勉強をしよう。

5 利子よりも、手数料を見る。

お金に必要なことは、

1 感情のコントロール
2 知識のコントロール

の2つです。

実は、知識は感情の一部です。

たとえば、住宅ローンを組む時に、「利子はいくらですか？」「○%です」「それは安いですね」「お得ですよ」と言われます。

ここで「じゃ、借ります」と言う人は、感情のコントロールができていません。

利子が安い時は、手数料がバカ高いのです。

ここでだまされるのです。

相手はウソはついていません。

聞かれないから説明しないだけです。

書類には「利子何%、手数料いくら」ときっちり書いてあります。

相手は手数料で稼いでいるのに、借りる側は利子しか見ていません。

利子が安い時は、必ずこの現象が起こるのです。

英会話学校で100回券を買う時に、解約した時にいくら返ってくるかを聞けない人がいます。

そういう人は感情をコントロールできていません。

お金のことをあまりゴチャゴチャ言って、「細かいヤツだ」と思われ

るとイヤなのです。

ここがその人の弱さです。

そこにつけ込まれるのです。

お金の問題は、算数の問題ではなく、実は国語の問題、感情の問題なのです。

金運をよくするために 5

手数料を確認しよう。

6 モノが減れば、家賃が浮く。3分の1はモノが住んでいる。

お金持ちに見られたい、自分がお金持ちであると感じたいと思う人は、ブランド品をたくさん買い込みます。

でも、家の中のスペースには限りがあります。

家の中に豪華な家具が並んでいるのに、家具屋さんのショールームのように狭苦しい家になってしまうのです。

家に遊びに来た人も、自分自身もそう感じます。

部屋の3分の1をモノが占めていたら、3分の1はモノのために家賃を払っています。

一歩間違うと、百均《ひゃっきん》で買ったモノのために月1万円の家賃を払うなどということになるのです。

でも、本人はそれに気づいていません。

安いモノでも高いモノでも同じです。

「このタンスは高いから捨てられない」と言う人は、自分の感情のバランスが崩れているのです。

金運をよくするために 6

「モノに払っている家賃」を計算しよう。

7 整理整頓できる人は、お金に困らない。

コントロールとは「整理整頓」です。

掃除・後片づけのきちんとできる人は、お金持ちになります。

掃除・後片づけのきちんとできない人は、お金持ちになれません。

整理整頓には、「整理」と「整頓」という2つの意味があります。

似たような言葉をただ並べているだけではありません。

「整理」は要《い》らないモノを捨てることです。

「整頓」は使ったモノをもとに戻すことです。

モノの整理整頓のできない人は、感情のコントロールができなくて、お金のコントロールもできないのです。

家の中に要らないモノをたくさんため込んでいる人は、お金持ちにはなれません。

家の中に今何があるか把握できないので、不必要なモノをいくつも買ってしまい、とてつもないムダが発生するのです。

パスポートと保険証は大切なものです。

盗られてはいけないので、わかりにくいところに隠します。

それで自分もわからなくなります。

男性は、大体エッチなものがある場所と隣接して置くことが多いです。

犬と同じです。

「大切なものは必ずココ」という場所があるのです。

それは個々人のクセで、みんな違います。

いざという時にパスポートが見つからない人は、整理整頓ができていません。
そういう人は、必要な時にお金が足りなくなるのです。

金運をよくするために 7

使ったものは、もとに戻す。

8 智で仕事をしている人は、智にお金を払う。

体を使うより、ソフト・知恵・知性など〈智〉で稼ぎたいと思う人は多いです。

たしかに、知恵を売るのが一番儲かります。

レストランビジネスで成功する人のやり方は、

1 1店舗で長くお客様とつきあう

2 2店舗目を持つ

という2つがあります。

2の場合、昼は2号店、夜は1号店でオーナーが働いています。

2店舗目までは、自分でなんとかまわれます。

ここから先は、

1 3店舗以上は広げない
2 フランチャイズで100店舗、200店舗と広げていく

という2つの形があります。

お金が儲かり始めると、ついつい大きくしたいという欲望に駆られます。

でも、大きくするとそれだけ大変です。

お金持ちになると、それだけお金の負担がかかります。

月々20万円の暮らしにアップアップしている人は、月々2000万円になったら、100倍アップアップアップします。

自分の扱える金額の大きさは決まっているのです。

3店舗以上つくるということは、自分がいなくてもやっていける仕組みをつくり上げたのです。

今度はそのノウハウを人に売ることができるのです。

知恵で稼げる人は、知恵にお金を払っています。

ところが、知恵でお金を稼ごうと思っているのに、「本が高い」とか「セミナーが高い」とか言って、知恵にお金を払わない人がいるのです。

誰かにアイデアを出してもらった時に「どうもありがとうございました」ですます人は、知恵の対価を払っていません。

そういう人はあるところで行き詰まります。

自分がもらう知恵にまったくお金を払わないで、自分の出す知恵でお金をとることはできません。

自分は肉体労働やフィジカルワークでいくという人は、それでいいのです。

でも、頭で稼ごうと思う人は、他人の頭を使わせてもらったり、協力してもらったり、吸収させてもらったことにきちんと対価を払うことです。

知恵の原価に一切お金を払わない人は、バランスがとれていません。

どんなものにも必ず原価はかかります。

給料が安いと言う人は、自分に原価がかかっていることに気づきません。

ロッカー代、机代、備品代を自分で払えるなら、給料を上げてもいいのです。

本当は、教えてくれた上司にも授業料を払わなければおかしいのです。

そういうことは一切考えずに、「給料が安い」と言う資格はないのです。

金運をよくするために

8

アイデアに、お金を払おう。

9 トイレットペーパーを切らす人は、お金も切れる。

「もとに戻す」ということは、

1 借金を返す
2 足りなくなったものを補う

という2つの意味があります。

「自分の家のトイレットペーパーのスペアは、今何個ありますか？」と聞くと、「妻がやっているので、よくわからない」と言う人がいます。

トイレットペーパーは、自分のところで使い切った時に、

1 そのまま出てくる人
2 次のトイレットペーパーを補充して出る人

の2通りに分かれるのです。

お金持ちになる人は2の人です。

トイレットペーパーは、どちらが上かわかりづらいです。

一生懸命むしりながら、たいてい逆にはめてしまいます。

この話を笑える人は、自分で換えている人です。

逆に言えば、入った時にまっさらなトイレットペーパーだったら、さっき入った人が換えてくれたのです。

そのことに感謝することです。
そういう習慣が、すべてお金につながっているのです。

金運をよくするために

9

切れたトイレットペーパーを、補充する。

10 社会に身をゆだねていれば中流になれる時代は、終わった。

第二次世界大戦の前後で価値観は逆転しました。

20世紀と21世紀とでも、いろいろなことが逆転しています。

今のトレンドではなく、より本来の形に近づいているのです。

お金のコントロールの仕方は、そもそも学校では教わらないし、親も先生も教えません。

「もっと儲けろ」と言っている上司ですら教えません。

20世紀は、お金に対する感情のコントロールの仕方を勉強しなくても、誰もがそれなりに中流になれました。

それは、人類の歴史の中では、きわめて異例の特殊な時代でした。

その時代に育って思春期を過ごした人は、それが当たり前だと思っています。

そういう人はこれからきつくなります。

20世紀のやり方はローカル・ルールでした。

21世紀のインターナショナル・ルールでは通用しないのです。

お金とのつきあい方、お金に対しての感情のコントロールの仕方を学べない人は、中流にはなれません。

「中流でいいからお金の勉強はしない」というのは、20世紀には通用しても、21世紀には通用しないのです。

とてつもなく貧乏になるだけです。

私の仲よしの友達で熱心な役者の男がいます。

私は彼が大好きです。

ある映画の打ち上げに一緒に行った時に、ふだんニコニコ笑っているのに、「ホント、信じられないですよ」と怒っているのです。

「何があったの。珍しいね」と言うと、「税金なんですよ」と言うのです。

役者のギャラは安いのです。

私は、「主役もやったし税金は払っているだろうから、ちゃんと申告したら返ってくるよ」と言いました。

しかし、彼が怒っていた理由は違ったのです。

彼は去年、一生懸命仕事をしました。

映画や芝居に18本出て、主役もやっています。

税金をたくさん払わなくちゃと思っていたら、非課税だったそうです。

要するに、税金を払う所得金額に達していなかったのです。

それでも彼は、「どういうことですか、税金を払わなくていい金額って。もう子供大きいんですよ、「うち」と怒っているのです。

税金の心配より先に、もっと心配すべきことがあるはずです。

税金が高い安いではありません。

これからの時代は、お金の勉強をしないと税金を払わなくていいところまで落ちてしまうのです。

金運をよくするために

10

お金の勉強をしよう。

CHAPTER

2

お金を引き寄せる行動

11 健康を管理することで、お金を管理できる。

感情のコントロールをしくじると、健康管理に失敗して体をこわします。

貧乏になる人の共通点は、仕事の失敗や買物のしすぎではなく、必ず体をこわしていることです。

健康運と金銭運は必ず連動しています。

どんなに借金ができても、健康な人は返せます。

ところが、借金をした人は必ずもう1つ仕事をします。

女性の場合、買物のしすぎでクレジットカードの支払いが多額になり、会社の給料だけでは払えないので、夜銀座で働いているという状態になるのです。

夜の仕事の労働時間は、一見短いです。でも、その前にいろいろな営業をしなければなりません。同伴・アフターがあって、帰りも遅くなります。

次の日もまた朝から仕事に行かなければなりません。

それで体をこわして、昼の仕事も休まなければならなくなります。

この悪循環にはまると、借金が雪だるま式に増えていくのです。

借金を返すために仕事を2つすると、体がもちません。

精神的にもストレスがかかります。

体をこわして入院すると、入院代を払うために家族が働きに出ます。

そして今度は家族が倒れるのです。

これは特殊な例ではありません。

お金の流れが悪くなる人のきわめて典型的な例です。

家族の中で誰かが具合が悪くなると、影響はその人1人にはとどまらなくなります。

看病している人が過労で亡くなって、寝たきりの人が長生きするのです。

これが現実です。

寝たきりの人のサービスも大切ですが、介護している人のサービスをもっと考えたほうがいいのです。

ベルテンポ・トラベル・アンドコンサルタンツは、介助を必要とする人のための旅行も扱っています。

これが大人気です。

社長の高萩徳宗《たかはぎのりとし》さんが、「車いすの方にももちろん喜ばれますが、補助をしている人にも『こんなに自分のペースで歩けたのは初めて』と喜ばれます」と言っていました。


お金の管理にとって、健康管理は大切です。

お金を稼ぐために必死に働いて頑張るのはいいことです。

でも、過労で倒れたら、結局はマイナスです。

お金儲けは、短期ではなく長期で考えます。

倒れたら、そこからのマイナスは大きいのです。マラソンと同じです。

ゆっくりでも長く続けられるロング・ディスタンスにすることです。

ダッシュしたあとで疲れてしゃがみ込んでしまう人は、結局はゆっくり走っている人に追い越されます。

まず、自分の健康管理をすることです。

健康のコントロールをすることで、お金のコントロールができるのです。

金運をよくするために

11

健康管理をしよう。

12 両親の健康管理をする。

親が健康なら、その家族は必ず豊かになります。

親が寝たきりになったらどうするかを考えるよりも、どうすれば寝たきりにならないかを考えることです。

健康管理にはお金がかかります。

でも、それは先行投資です。

親が寝込んでしまって看病のために時間を奪われたら、より高くつくのです。

マッサージ代は10分1000円が相場です。

具合が悪くなってからマッサージをしても、治るのに時間がかかります。

ケガをしないためには、具合が悪くなくてもマッサージすることです。

家族がケガをすると、その人のお世話をする時間は、仕事や勉強ができなくなります。

その時間を先行投資で買っているのです。

金運をよくするために

12

ケガの予防のために、マッサージをしよう。

13 ベストの状態は、永遠には続かない。

私は経営者に、「あなたの会社は今は儲かっていますが、10年後も儲かっていると思いますか？」という質問をします。

10年後の自分の収入をリアルに思い浮かべることは大切です。

たとえば、いろいろな人からプレゼントをもらったり、ごちそうしてもらったりしている女性がいます。

自分が本来払わなければならないところを、払わなくてすんでいるのです。

なんとなくこれが一生続くような気がします。

ところが、10年後にはそれは自分の出費になります。

そんなことが10年後まで続くわけがないのです。

それに気づくことです。

希望的な観測も含めて、ベストな状態は永遠に続くような感じがするものです。

私は作家になった人へのアドバイスとして、「作家で食べていくのは大変です」という話をよくします。

賞をとって、著書が10万部のベストセラーになった人は、頭の中で、2作目は悪くても15万部、うまくいけば20万部と計算します。

でも、現実は違います。

1作目が10万部なら、2作目は1万部売れたら御《おん》の字です。

これがビジネスです。

今日お店に来てくれた人が、次も必ず来るわけではありません。

TVで紹介されたから来ただけの人は、「おいしかったです。また来ます」と言いながら来ないのです。

そういう現実がわかっていないと、お金もお客様もどんどん減って、人間不信になります。

人間不信になると疑心暗鬼になって、ますますお金の流れが悪くなるのです。

金運をよくするために
13

ベストの状態を基準にしない。

14 節約で、暗くならない。

お金のつきあい方で失敗すると、感情もそれに連動します。
感情のコントロールでお金をコントロールしなければなりません。
ところが、往々《おうおう》にしてお金に感情が振りまわされるのです。
それぐらいお金は扱いを間違えると怖いのです。
たとえば、会社の中で節約の話になると、何か窮屈《きゅうくつ》でヤル気がなくなります。
節約は、要らないところを削って、要るところに振り向けることです。
節約できることは節約して、お客様にはきっちりサービスするのです。

本来、節約はやり始めるとこんなに面白いことはありません。

お金を浪費している人は、必ず生活態度がダラダラしています。

うちの秘書室では、最近「CX計画」を実践しています。

「C」はコストパフォーマンス、「X」はプロジェクトです。

つまり、コストパフォーマンスを上げるプロジェクトです。

「節約計画」と言うと貧乏くさくなります。

ところが、「CX計画のアイデアを出そう」と言うと、どんどん出てきます。

面白いことに、明らかにみんなが生き生きしてくるのがわかります。

「これはムダだからやめましょう」「これは要らないんじゃないか」

「こういうふうにしたほうがいいんじゃないか」と、アイデアがどんどん出てきます。
「それやろう」「もっと考えてみよう」と、生き生きしてくるのです。
これが正しい節約のやり方です。
「節約」イコール「わびしいこと」ではないのです。

金運をよくするために

14

「暗くなる節約」をしない。

15 ムダづかいすると、ダラダラする。節約すると、キビキビする。

節約のいいところは、時間が早くなることです。

お金と時間とは連動します。

正しい節約の仕方をすると、何もかもキビキビしてきます。

節約することで時間がかかるのは、節約の仕方が間違っています。

結局、お金を「時間」という高いものにかえているだけで、節約になっていないのです。

正しい節約は、要らないコストが減って、行動がキビキビすることによって、時間的にも余裕が生まれます。

節約することは、「キビキビする」「新たな時間を生み出す」というメリットにつながるのです。

会社でも、「これをやめましょう」と言われた時に、「やめたところで何百円の問題ではないですか。意味ない」と却下しないことです。

中谷事務所では、「1カ月に直すといくら、それを1年間にするといくら」と考えるトレーニングをしています。

それをやることで、CXでどのぐらい効果が出るかを考えるのです。

何百円単位のものも、月に直すと何万円になります。

何千円単位のものは何十万円になります。

それを100個やれば、何百万円、何千万円になります。

節約は小さなことの寄せ集めです。

大きいものを1個減らして、ほかのものには手をつけないというやり方ではダメです。

実は、大きいもので浪費することはあまりありません。

小さいことの積み重ねが100個集まって、浪費になるのです。

時間も同じです。

小さい時間のムダづかいがいろいろな要素で100個集まって、大きい時間のロスになるのです。

「たかだかこんなこと」をやることが、正しい節約の仕方です。

節約してわびしくなるのは、節約の仕方が間違っているのです。

金運をよくするために

15

「キビキビする節約」をしよう。

16 ズルをした人のマネをした人は、もっと損をする。

儲けるために、時々、ズルをする人がいます。
ズルした人を見た時に、

1「自分もやらないと損」と考える人
2「あんなことやらなければいいのに」と思う人

の2通りに分かれます。
短期で儲けることを「ズル」と言います。
長期的なズルはありえません。
ズルは常に短期です。

ズルをマネした人は短期で終わってしまうので、貧乏になります。

ズルをして失敗するより、ズルのマネをして失敗する人は、被害がもっと大きくなるのです。


最初にズルをした人は、自分の頭で考えてやっています。

何か問題が起こった時も必死で考えます。

ところが、ズルのマネをした人は何も考えないで入っていくので、もっと損をするのです。


誰かがズルをして儲けた時に「自分は損」と感じる人は、感情のコントロールに負けています。

何も損していないのに、それに振りまわされて、自分も一緒にズルをします。

結局それは短期で終わって、長期的にはマイナスに傾くのです。

いつも会社の備品を持ち帰る人がいます。

それを「自分もやらないと損」と考えないことです。

長い目で見ると、そういう人はトータル的にはマイナスです。

「あの人あんなことしなければいいのに」と思ってきちんとしている人は、長期的にはどんどんプラスになります。

ズルする人を見たら、「気の毒に」と思えばいいのです。

その人に注意しても直りません。

それよりも、自分自身がズルに巻き込まれないことです。

「一緒にやろうよ」と誘われても、「いいです」と断ることが大切なのです。

儲け話はどこにでもあります。

バブルの時代に、「今、株をやらないヤツはアホや」と誘われて株を買った人は、必ず失敗しています。
自分の頭で判断することが大切なのです。

金運をよくするために
16
ズルをした人のマネをしない。

17 損切りすると、スカッとする。

株で損が生まれた時に、その損とどうつきあうかが問題です。

損も得も、どちらも人間の感情のコントロールを揺さぶります。

ギャンブルでビギナーズラックが当たった人は、必ずドツボにはまります。

1回の万馬券のおかげで、一歩間違うとすっからかんになるのです。

株は知識のコントロールではなく、結局は感情のコントロールです。

株で失敗する人は、常に頭の中で「あの時売っておけば」と思っています。

年中チャート図の一番高いところと一番低いところを見ているので

す。

最高値より安いところで買っているので、損したわけではありません。

それなのに、「あの時もっと買っておいて今売れば、車が買えたのに」と思って、自分が損したような気がするのです。

そんなことをしているうちに、自分の買った値段よりもどんどん安くなってしまうのです。

「ここまで下がったら売ろう」と考えられる人は、そこで損切りができます。

損切りの効果は、「50万円損した」「100万円損した」という形で精神的にふっ切れることです。

「どこかで取り返してやろう」という気持ちがあると、大損します。

ギャンブルで失敗する人と同じです。

株で損した分を株で取り返そうと考える人は、必ずしくじるのです。

株やサイドビジネスをやると、最初は少し儲かっても、そこから急に下がることがあります。

お金持ちになる人は、ここで「いい勉強をさせてもらった。授業料を払った。これを本業で取り返そう」と考えます。

そうすれば、損したことを次に生かせるのです。

ところが、損を同じもので取り返そうと考えると、必ず「取り返してあげますよ」と言う人が出てきて、もっと手数料をとられるのです。

お金持ちの人は、決して得ばかりしているわけではありません。
儲け方ではなく、損切りの仕方がうまいのです。

「いい勉強になった。授業料になった」と思える人は、そこで気持ちをスパッと切りかえられます。

時間も同じです。

しょうもない男とつきあっても、「勉強になりました」と言って切れる人は立ち直れます。

ところが、「この男に費やした1年をムダにするのが惜しい」と思うと、別れられないでズルズル続くのです。

損切りしても、マイナスは1つもありません。

マイナスになるかプラスになるかは、結局は自分の感情のコントロール次第なのです。

金運をよくするために

17

損切りしよう。

18 「お金持ち」イコール「悪人」ではない。

子供の時から、なんとなく「お金持ち」イコール「悪人」、「お金持ちでない人」イコール「善人」というイメージがあります。

でも、それは大間違いです。

「美人」イコール「性格が悪い」が間違っているのと同じです。

いろいろな人がいるのです。

借金は、一見、運が悪い要素も入っています。

しかし、運が悪いからできたわけではありません。

日常生活の何かが足りなくて、結果として借金が生まれたのです。

そう考えられるようになると、その借金から抜け出すことができて、お金で苦労しなくなります。

日常生活の24時間の過ごし方がちゃんとしていて、たまたま借金ができただけの人なら、その借金は必ず返せます。

借金が雪だるま式に増えるのは、24時間の暮らしの中で何かが足りないからです。

たとえば、トイレットペーパーを自分が使い切ったまま出てくることが原因になるのです。

何が足りないかを考えることができる人は、「お金持ち」になれます。

それを考えることができない人は、いつまでも「お金持ちでない人」のままです。

金運をよくするために

18

「お金持ち」イコール「悪人」と思い込まない。

19 子供を貧乏人にしたかったら、子供にお金を残せばいい。

本来、お金に対しての考え方は、親が子供に伝えることです。

大切なのは、自分自身がハッピーなお金持ちになると同時に、自分の子供をお金持ちにすることです。

子供にお金のことを教えられる親にならなければなりません。

大人はともかく、子供はこれからです。

子供を貧乏にしたいと思ったら簡単です。

子供にお金を残せば、確実にその子は貧乏になります。

子供にお金持ちになって欲しければ、絶対にお金を残してはいけません。

かわりにお金に対する知恵を残します。

お金を残された子供は、気の毒なことに必ず貧乏になります。

そのあと、子孫末代まで延々貧乏になります。

自分にいくらかのお金があるなら、そのお金を知恵にかえて、知恵を子供に残すことです。

そうすれば、子供たちは末代までハッピーなお金持ちになるのです。

自分の一生だけのことではありません。

子供や孫も含めて、お金について学ぶ姿勢をつくるのです。

「今度生まれ変わるなら、お金持ちの家に生まれたい」と誰もが思います。

でも、自分の生きている間に破産して、末路が寂しい人生に終わったら、こんなしんどいことはありません。

「生まれ変わったら」ではなく、「今日、生まれ変わる」のです。
ささいなことで、人間は生まれ変われるのです。

金運をよくするために
19

子供に、お金を残さない。

CHAPTER

3

お金がめぐり戻ってくる賢い使い方

20 モノの値段は、使う側の使い方で決まる。

ほとんどの人がモノの値段を「高い」と感じます。

高いかどうかを決めるのは、売り手ではありません。

すべての値段は、使う側の使い方次第で決まるのです。

「安い」という言葉を自分の給料にしか使わない人は、一度サービスする側に立ってみるといいのです。

私は、なぜ野菜はこんなに安いのだろうと思います。

私の実家では野菜をつくっていたし、おじいちゃんは農家でした。

あの苦労を考えたら、安すぎます。

農家の人もスーパーから買うぐらい安いのです。

本を書く人間からすると、本は安すぎます。

自分の本だけではありません。

人の本に対しても、こんなことを1500円で教えてもらって申しわけないと思うのです。

習い事でも、先生が一生かけてやってきたことを1時間1万円で教わるのは、先生の一生を1万円で買っているようなものです。

画期的なことを教わったら、1時間1万円は安すぎて申しわけないのです。

「安い」と思うのは、そこから得ているものが大きいからです。

高いか安いかは、払ったお金とそこから得たものとの相対的な差です。

「まけて」と言う人は、それに価値を感じていません。

「もっと払います」と言えるモノを買うことです。

「高い」と思うモノは買ってはいけないし、買わないで「高い」と言ってもいけません。

あくまで自分が買ったモノに対して「高い」と言えるのです。

ホテルでも、泊まっていない人が高いとか安いとかは言えないのです。

実は、世の中に高いモノは1つもありません。

それは自分とは関係ないからです。

安いモノとは、自分が今使っていて、払った金額以上のもとをとっているモノなのです。

金運をよくするために

20

モノの値段を「高い」と言わない。

21 平均値は、まったく意味がない。

講演のアンケートで「安すぎる」と怒って書いてくれるのは、一番うれしいです。

その人は得たものが多かったのです。

同じ話を聞いても、どれだけのものを持って帰るかは、その人の問題意識によって個人差があります。

それをこちらで決めることはできません。

払った本代に対して何を得るかも個人差です。

アンケートで、料金が「高い」「普通」「安い」とか、「いくらぐらいならいいか」という欄があります。

でも、私はそれを一切見ません。

1人1人違うからです。

モノの値段の平均値をとろうとする人は、お金持ちにはなれません。

平均値は意味がないのです。

高いか安いかを決めるのは、使う側であって、売る側ではないのです。

平均の好きな人は「平均的にいくらぐらいですか?」と聞きます。

でも、その平均はまったく意味がありません。

平均で物事をとらえようとする発想を、まずやめることです。

自分がそれを高いと感じるか安いと感じるかで、買う・買わない、使う・使わないを決めることが大切なのです。

金運をよくするために

21

平均値で、物事をとらえない。

22 ファーストクラスは、出会い投資。

飛行機のエコノミークラス、ビジネスクラス、ファーストクラスの料金は、大体1対2対3の割合になっています。

だからといって、ファーストクラスがエコノミークラスの3倍の広さをキープしているとか、3倍いいものが出てくるわけではありません。

エコノミーが6時間かかるところをファーストが2時間で着いたら、3倍の値段になるのもわかります。

でも、そんなことはありえません。

ファーストは、費用対効果から考えると明らかに損です。

ファーストに乗る人は、損を承知で高い料金を払っているのです。

ビジネスとファーストとの差は微妙です。

ムダを払えない人は、エコノミーやビジネスにすればいいのです。

ファーストにはムダを払える余裕のある人たちしかいないので、静かです。

余裕のある人とも友達になれます。

実は、仲間意識の確認にお金を払っているのです。

ファーストクラスは、出会い投資です。

エコノミーでは、知り合いと会うことはないし、「こんにちは。どちらへ？」というやりとりもありません。

ところが、ファーストは偶然出会う知り合いだらけです。

「どちらへ？」「ちょっとニューヨークまで」というやりとりが普通にあります。

ラウンジでも機内でも、人数は少ないのに知り合いだらけなのです。

これがファーストとエコノミーとの違いです。

お金持ちは出会い料に最もお金をかけます。

ファーストで知り合いになると、「どちらへ？」「○○さんに紹介しておきます」と言って、ふだん会えないような人と友達になれるのです。

そこで12時間一緒に過ごしているうちに、「今度一緒に遊びに行きましょう」「仕事を一緒にやりましょう」という話が生まれます。

そのためのお金を払っているのです。

だから、ますますファーストの中で知り合いが増えていくのです。

エコノミーは黙々とトイレに並んでいます。

会話といえば、「すみません、これ早く片づけてください」とか「料理まだですか？」とか、そんなことばかりです。

「さっき頼んだドリンクがまだ届かないんですけど」と言うと、前の人に渡されて飲まれていたりします。

そんなことでイライラするのです。

ファーストクラスではそういうことは起こりません。

ファーストクラスは出会いにお金を払っているのです。

金運をよくするために

22

出会いに、お金をかけよう。

23 竹が、一番割高。

モノの値段には、松竹梅があります。
とんかつ定食でも、もちろん松が一番高いです。
一番売れるのは、竹です。
「せめてお昼ごはんぐらいは」と思うので、梅は気が乗りません。
でも、松ほどぜいたくはできません。
竹なら「まあまあいける」と思うのです。
それがその人の判断基準です。

モノの値段を自分で判断できない人は、3段階の真ん中を選ぶ傾向があります。

料理には食材の原価がかかっていて、食材原価率があります。

たとえば、松3、梅2・5の原価だったら、竹を2・0にするとお店は一番儲かるのです。

お店の構図は大体こうなっています。

実は、梅はつくらなくていいのです。

松を頼む人もほとんどいません。

本当は竹の金額でモノを売りたい時に、松と梅をつくると竹が売れるのです。

竹と梅の2段階では半々になります。

ところが、松竹梅にすると竹が8割売れるのです。

竹を頼む人は、実は原価の低いものを頼んでいたのです。

3段階の真ん中、上から2番目、下から2番目というように、値段に振りまわされてモノを判断してはいけないのです。

金運をよくするために

23

松竹梅の「竹」を選ばない。

24 値札を堂々と見られない人は、お金に負ける。

洋服を買う時に、8割の人はまず値段を見ます。
サイズを見ているふりで値段を見ているのです。
店員さんのいる前ではさすがに見ません。
それは感情のコントロールに振りまわされているのです。
宝石・貴金属の値札は文字がとても小さいです。
服の値札は必ず内側に隠されています。
それを小指で引きずり出します。
しかも、裏返っているので表に返します。
チラッと見た時に、何か小さく書いてあります。

一生懸命読むと、「ドライ加工」とか「コットン何%」と書いてあるのです。

そんなものを知る必要はまったくありません。

値札を一生懸命探しているところを女性に見られると、「しょぼい男だな」と思われます。

「これなんぼぐらい？　うわあ、けっこうするな」と、値札を堂々と見る人は男らしいです。

最もしょぼいのは、女性がフィッティングルームに入っている間に一生懸命見たり、向こうを見ている時に小指で引っぱり出して横目で見ることです。

女性にも「この人、ムリしてる」と思われます。

「どっちがいいと思う？」と聞かれて安いほうを選ぶと、安いからいいと言っていると見透《す》かされるのです。

女性と買物に行くと、その人がお金持ちになれるかどうかがわかります。

女性はそこを見抜いているし、男性はそれを見抜かれています。

女性のすごいところは、その人の現状ではなく、将来お金持ちになる人か、ここで終わりの人か、下り坂の人かを一瞬で見抜くことです。

本当は女性にこんな話は要らないのです。

値札を見る時は、男性は堂々と見ることです。

見ないなら、見ないのです。

お金持ちになる人は、値札を見ません。

女性に「どっちがいいと思う?」と聞かれると、これはすぐ着られる、これは2週間後、これはふだん着られる、これはオシャレなところでとアドバイスします。

女性が「これにする」と言った服を、「じゃ、買ってあげる」と言うのが男らしい態度です。

「これ下さい」と言った段階では、まだ値札を見ていません。自分の頭の中で「さあ、これはいくらぐらいかな」と必死に考えます。

こんなギャンブルはほかにありません。カードを渡して「こちらへサインお願いします」と言われた時に、チラッと値段を見るのです。

自分の予想とその金額との誤差を常にぎりぎりいっぱい追い詰めて

いる人が、モノの値段がわかるようになります。
慣れてくると、一緒にいる女性がいくらぐらいと考えているかもわかるのです。

金運をよくするために

24

堂々と、値札を見る。

25 値段を見てからモノを見ているようでは、いつまでもモノの値打ちはわからない。

相場から考えると、モノの値段が安いとか高いとかがだんだんわかってきます。

いちいち「これいくらですか」と聞いているうちは、いつまでたってもモノの値打ちはわかりません。

カードのサインをする時に初めて値段を見るトレーニングをすることです。

時々、「うわっ、やられた」と思います。

そういう体験をしなければ、モノの値段はわかりません。
それぐらい自分に挑戦するのです。
モノの値段を把握するためには、自分の眼力を鍛えるしかありません。
そのためには、値段を聞かないでトライするのです。
同時に、連れの女性がいくらぐらいと把握しているかも感じ取ることです。
ブランドショップに行くと、値札が一切ついていないことがあります。
お店の人に「これいくらですか？」と聞くと教えてくれます。
自分と連れの女性の誤差が大きい時は、やめるという判断もあります。
やめるにもいろいろ口実があります。

「どれぐらいだと思う?」とズバッと聞くと、「20万円ぐらい」と言います。

でも、実は60万円です。

女性は相場の値段でのプレゼントを考えています。

それより高ければ、「そんなにするのなら、このモノに値打ちはない」という気持ちのやりとりがあるのです。

お店の人と仲よくなっておかなければできない、1つの連係プレイです。

モノの値札を見てから好きなモノを選んでいると、自分の好きなモノが安いモノの中からしか探せなくなります。

まず好きなモノがあって、それからサイズを探してもらうのが基準です。

「値段」→「サイズ」→「好みかどうか」という順番はおかしいので

す。

ところが、いつの間にかそれに体を合わせているのです。

値段から入る選び方をすると、本当に自分の好きなモノにはめぐり会えません。

「買わないと損」という形になると、家の中はバーゲン品だらけになります。

買っても使わなければ損ですが、買わなければプラスマイナスゼロです。

「買わないと損」という言葉に惑わされてはいけないのです。

金運をよくするために

25

たまには、値段を見ずに買ってみよう。

26 堂々と料金を払い、堂々と使う。

「値引きしてもらおう」とか「まけてもらおう」という考え方は、実はプラスにはなりません。

お金とのつきあい方で大切なことは、堂々と払って堂々と使うことです。

「まけて」と言うと、堂々とできなくなります。

堂々と払わなかったものは、堂々と使えません。

「しょせん、まけてもらっているし」という気持ちがどこかに働きます。

「しょせん、割引券で来た人間です」という後ろめたさが常にあるのです。

私の母親はクーポン券やタダのものが大好きでした。

ビュッフェに行くと、「あんた、ここタダ？」と聞くのです。

私は「『タダ』じゃなくて『ビュッフェ』と言ってください」といつも言っていました。

母親は常に「私、タダが好き」と言っていました。

ここまで言い切れるうちの母親も偉いです。

タダでも堂々と使っていればいいのです。

人間は、まけてもらったものはどうしても堂々と使えないのです。

「ホテルの総支配人に紹介しておきます」と言った時に、「まけてもらえますか？」と言う人がいます。

一方で、「とりにくい時はぜひお願いします」とか「アップグレードしてください」と頼む人もいます。

正規料金を払って、それ以上のことに堂々と使う人がお金持ちになれるのです。

そういう人が女性にモテるし、お店の人にも愛されます。

自分自身も、それを使いこなせるようになるのです。

金運をよくするために

26

値切らない。

27

値引きは、落ち度の前払いにすぎない。

値引きはサービスではありません。

「値引きしたのだから、少々の不手際があっても文句を言わないでね」という言いわけにすぎないのです。

値引きしなければ、言いわけはできません。

値引きすると、「安くやっているんだから、文句を言われても仕方がない」と、最初に言いわけが立っています。

つまり、言いわけの前払いが値引きです。

値引きをしているうちは、その人のサービスのレベルは絶対に上がらないのです。

お客様には、正規料金でそれ以上の満足度を得てもらわなければなりません。

サービスサイドが自分を追い詰めるためには、値引きしない姿勢が大切です。

半額にすると、かけるエネルギーも半分になります。

そうすると、いつまでたっても仕事のクオリティーは上がりません。

お客様サイドでもサービスサイドでも、「まけて」「値引きします」と言わないことが大切なのです。

金運をよくするために
27

値引きを、得と考えない。

28 高いお店での会議で、グチは出ない。

会社仲間とごはんを食べながらミーティングすることがあります。

ここで、高い店に行くか、安い店に行くかです。

安い店に行くと、会話がグチっぽくなって、ネガティブな流れになります。

高くてカジュアルな店に行くと、気持ちが大きく前向きになってグチを言う気分になりません。

お金持ちになる人は、必ずそういう店に行きます。

ただし、高い店でも緊張を強いるようなシーンとした店ではダメです。

高くてもカジュアルな店でのミーティングは、必ずいい流れになります。「こんなのやりましょう、あんなのやりましょう」と、前向きなアイデアが出てきます。

これが高いお店の使い方です。

同じものでも、安いものと高いものとがあります。

いいものを持つメリットは、結局は感情・気持ちの問題です。

モノにお金を払っているのではなく、メンタルにお金を払っているのです。

いいものを持っていると、メンタルが高まります。

打ち合わせでも、ちゃんとしたホテルでは「マナーをよくして、姿勢正しくしなければ」と思います。

いいホテルが持っている空気が自分自身のメンタルを高めるので

す。

いいものにはメンタル料がかかっています。

それは自分の気持ちに投資しているのです。

そこでの会話、出会い、そのあとの流れ、自分の未来、その日1日の時間はすべて変わってきます。

モノを買っているのではありません。

モノを通して、文化・出会い・自分の未来・時間・ドラマを買っているのです。

高いものは、ドラマ料と出会い料とが込みになっています。

ですから、もとはしっかりとっています。

自分自身が生まれ変わるので、生まれ変わり代、変身代でもあります。

美容整形と同じなのです。

見栄でお金をかける人は、精神的に負けています。

似ているようですが、微妙に違います。

見栄にお金をかけると、気持ちが外側に向かいます。

自慢するためにモノを持つことになるのです。

気持ちが内側に向かうと、「こういうところに来ているのだからしっかりしよう」と、自分自身にプレッシャーをかけられるのです。

金運をよくするために
28

ちょっと高いお店で、会議をしよう。

29 お金がない時にしていることが、本当に好きなことだ。

大切なことは、本当に好きなモノにめぐり会うことです。

一歩間違えると、松竹梅の松ばかりになって、「高ければよい」という方向に走るのです。

だんだんお金の余裕が出てくると危ないのです。

「高ければよい」という発想は、貧乏人の特徴です。

お金持ちになれない人は、ムダなお金を使います。

好きなモノにお金をかけて、好きでないモノにはお金をかけないことです。

景気が悪いことは、いいことです。

景気の悪い時は、よけいなモノにお金を使えません。

ところが、景気がよくなると、好きでもないモノについお金を使ってしまいます。

景気の悪い中でお金を使っているモノが、自分の本当に好きなモノなのです。

金運をよくするために

29

お金がない時に、好きなことをしよう。

30 トライ&エラーにかかるコストを恐れない。

ちょっと余裕があるときにお金を使うべきところは、好きなものに出合うためのトライ&エラーです。

トライ&エラーにお金をかけると、損切りが発生します。

やってみて、「大体こんなもの」とわかったり、「自分はこれはあまり興味がない」ということがわかります。

それは「わかった」という授業料を払ったのです。

やったことすべてでモトをとる必要はありません。

やってみたけど、いまいちピンとこなかったり、自分の年齢ではまだ楽しめないことも、10年後までとっておけば楽しめるのです。

逆に、今楽しめることが10年後には楽しめなくなることもあるのです。

会社の中で、技術革新の研究開発費があるのと同じです。

自分自身に研究開発費をかけないと、オンリーワンにはなれません。

トライ&エラーをしながら、自分の好きなものにめぐり会います。

お金がない時にやっていたことにも、どんどんお金をかけることです。

自分自身がそこから得るものは必ずあるのです。

金運をよくするために

30

トライ&エラーにお金をかけよう。

CHAPTER

4

お金持ちの、お金に対する態度

31 感謝されながら、お金を受け取る。

お金持ちになるヒントは、日常生活の中の具体的で小さなことの積み重ねにあります。

ささいなことを変えるだけで、未来は上り坂になるのです。

明日からではありません。

今日、今、ココで、1つだけでも生まれ変わるのです。

今までの自分が死んで、新しい自分に生まれ変わります。

気づいたことは、ぜひ試してください。

1つ生まれ変わると、まわりの景色、日常生活、365日、24時間すべてのことが少しずつ違ってきます。

それは上り坂に入ったのです。

何もせずにほうっておくと、必ずジリ貧《ひん》になります。

自分の子供たちがそうなったらかわいそうです。

ただの大金持ちではなく、幸せなお金持ちにならなければなりません。

相手からお金をぶんどってお金持ちになることは、いくらでもできます。

そうではなく、まわりの人を幸せにして、感謝されてお金を払ってもらえる人が、幸せなお金持ちになるのです。

金運をよくするために
31
「お金」と「感謝」を、受け取ろう。

32 人のために労力を使う人が、成功する。

家族、親友、恋人、会社仲間、遊び仲間、幼なじみは、自分に最も近い人です。

その人たちを幸せにできる人が、やがてお金持ちになるのです。

どんなにお金持ちになっても、遠い人にばかり目がいく人は、幸せなお金持ちにはなれません。

まず、なくなったトイレットペーパーを補充してみてください。

誰がやったか気づかれないこともありますが、それでもいいのです。

誰もが気づくようなすごいことではなく、気づかれないような小さ

いことをやることが大切です。

そういう人が、結果としてハッピーなお金持ちになるのです。

気づかれないでやることの喜びも、だんだんわかってきます。

人間はどうしても、気づかれたい、ほめられたい、評価されたいと思います。

でも、人間が本当にハッピーになるのは、気づかれないでこっそりやっていたことをいつか気づかれた時です。

「あのヒーローは、実はあの人が変身していたんだね」と気づかれたほうが、もっと喜びは大きいのです。

金運をよくするために

32

身近な人を喜ばせよう。

33 お札は折れたまま、渡さない。

日常生活でどうしたらお金を手に入れることができるか、お金持ちになれるか、誰しも一生懸命考えています。

シンプルな原則は、お金に好かれるようになれば、追いかけなくてもお金はついてくるということです。

お金を追いかけないことです。

「どうしたら女性をつかまえることができますか？」という議論とまったく同じです。

女性に嫌われていたら、追いかければ追いかけるほど嫌われてしまいます。

お金はモノなので、その感覚を忘れがちです。
でも、お金にもちゃんと意思があります。
たとえば、おつりのお札を折ったまま渡す人がいます。
おつりを受け取ることが一番多い場所はタクシーの中です。
折った1000円札を3枚ポンと返されることがあります。
これは、きちんと二つ折りにされていても、お金に対しての敬意がありません。
折ったまま財布に入れるのは気持ち悪いです。
お札を広げる作業をお客様にさせるのはおかしいです。
また、端が折れたままのお札を平気でポンと返す人もいます。
その人が折ったわけではなく、前のお客様が折れた状態で渡すこともあります。
次のお客様にはそれを伸ばして渡すことです。

お金はリレーするものです。
わざわざ新札にかえる必要はありません。
どんなに折れ曲がった状態でも、きれいな状態にして渡すことが大切なのです。

金運をよくするために

33

お札の上下をそろえて払おう。

34 お金に対して敬意を払う。

お金持ちの人はお札の向きをそろえています。

向きをそろえる意識があると、破れたり折れたりしたものを直したくなります。

お札が折れたまま平気で財布の中に入れる人がいます。

好きなカバンや道具は大切に扱うのに、お金に対しての敬意がないのです。

お金の先にあるのはモノではありません。

カバンを買う時は、お金とカバンを交換するのではありません。

お金をお店の人に渡すのです。

お金の先には必ず人間がいます。

お金の先に人がいないなら、折れたままでも、どちらの向きでも関係ありません。

お金を受け取る人には心・気持ちがあります。

折れ曲がった状態で渡されて、気持ちがいいのか悪いのかということです。

折れているお札も、きちんと伸ばされて同じ向きにされたお札も、金額は同じ1万円です。

でも、それを受け取る人の気持ちとしては、1万円の価値以下の気分になったり、気持ちいい1万円になったり、同じ金額でも価値は変わるのです。

はさみを人に渡す時に、刃を広げたままだったり、相手に刃を向けて渡す人はほとんどいません。

ところが、お金となると、金額に目がいってしまいます。

お金は人間を動揺させます。

そうなると、その向こう側にいる人には心があることを忘れがちです。

お金に対して尊敬の念を持つことは、お金を受け取る相手に対して敬意を払うことと同じなのです。

金運をよくするために

34

お札の向きを、そろえて財布に入れよう。

35 お金を目的にすると、お金は逃げていく。

ある国から大金持ちが来て、「今あなたが欲しい金額を小切手に書いてください」と言いました。

その小切手をお金にかえた時に、あなたは何が欲しいですか？

その国からお金を持ち出すことはできません。

お金以外のもので持ち帰るとしたら、何に交換しますか？

たとえば、時計が欲しいとします。

友人の青年実業家の時計は８００万円です。

日本に数個しかない貴重品です。

彼は時計が好きなのです。

800万円が欲しいわけではありません。

「お金が欲しい、欲しい」とよく言いますが、実は、**お金を何に置きかえるかというその先のものが欲しいのです。**

お金は手段であると気づくことです。

ところが、いつの間にかお金が目的になっていることがとても多いのです。

お金を目的にした時点で、お金はあなたから逃げていきます。

時計が欲しいなら、最初から時計をもらえばいいのです。

欲しいものがないのにお金だけが欲しいという人がいます。

お金が入ればきっと幸せになれる、好きなものが手に入ると考えるのは大間違いです。

お金が入ったからといって、好きなものは見つかりません。

それでは、お金を持っていない人と同じように、好きなものは手に入りません。

自分が好きなものは何なのかに気づくことです。

そうすると、「お金が欲しい」ではなく、「そのものが欲しい」となります。

「800万円の現金と800万円の時計とどちらが欲しいですか?」と言われたら、時計が好きなら、待ったなしに時計です。

お金を手に入れても、その時計を持っている人が売ってくれない可能性があります。

つまり、お金を手に入れることは欲しいものを手に入れる手段であり、最短コースです。

その時に、交換したいものが見つかっていなければ、たとえお金がいくらあっても、欲しいものを手に入れるにはまわり道になってしまうのです。

金運をよくするために

35

お金を目的にしない。

36 体験が、お金を生む。

私は、お金を時間に交換しています。

お金で時間を買うのです。

忙しくても、男友達と遊んだり、銀座に行ったり、女性とデートしたり、旅行をしたり、好きなことをしています。

ほとんどの人は、まず自分の時間をお金に交換します。

これが時給で働くということです。

本当はそのことが好きではないのに、お金を稼ぐためにイヤなことをして給料をもらうのは、自分の時間をお金に交換しているのです。

こういう人は、延々貧しくなります。

その人は新しい何かを生み出すことができないからです。

お金持ちにとって一番大切なものは、お金ではありません。すでにお金はたくさんあるので、お金はいらないのです。お金持ちが最も欲しいのは、そのお金を使う時間です。お金持ちはお金持ちでない人の時間を買うので、お金持ちはますます時間持ちになります。お金持ちでない人は時間を売るので、ますますお金持ちになれなくなります。

最もお金を生み出すのは、その人の勉強・体験・キャリア・修業・稽古・レッスンなど、いろいろ打ち込んできたものです。ずっと趣味でやってきたことで専門家になる人もいます。

ゲームが好きでずっとやっていただけの人に、企業がコンサルタント料を払う形になることもあるのです。

金運をよくするために

36

体験にお金を払おう。

37 自己投資が、最もリターンが大きい。

お金持ちのお金の流れは、まず自分が持っているお金で時間を買います。

時間をお金に交換したら、貧乏な人のサイクルに入ってしまいます。

時間で体験を買うのです。

キャッシュはゼロになります。

習い事は、お金で体験を買うことです。

「お金はあるけど、習い事をする時間がないんです」と言う人は、まずお金で時間を買えばいいのです。

時間を買っただけでは、ただの何時間、何分間、1日24時間でしかありません。

買った時間を体験に置きかえるのです。

私はクラブへ行って勉強しています。

そこでは自分が払おうが友達が払おうが、お金を使っていることになります。

いろいろな勉強をしているので、帰ってから復習します。

お金は自分の中から消えますが、そこで得た体験は次に書く本になり、生きる知恵になります。

「その知恵を売ってください」と言う人がまた来るのです。

世の中で最も価値のあるものは体験です。

時間も手段です。

時間を持っていても好きなものが見つかっていない人は、体験をためられません。

お金で時間を買っても、お金が減っていくばかりで、何も増えない減り方です。

ところが、お金で時間を買い、時間で体験を買う人は、最初に投資したお金よりも大きなものになります。

「株をやりたいと思うんですけど、なんの株を買えばいいですか？」

とたずねる人がいます。

シロウトが株を買うなら、まず体験をすることです。

習い事・旅行・レストランで食事をすること、すべてが自己投資です。

1500円の本を買うのは、1500円の体験を買っているということです。

お金をいかに体験にかえていくかです。

貧しい悪循環に入る人は、自分の時間をお金にかえるために売ってしまうので、自分自身の体験がどんどんできなくなるのです。

金運をよくするために

37

他人に投資するより、自分に投資しよう。

38 「高い」と「割高」の違いを知る。

仕事を選ぶ時も、お金がたくさん儲かる仕事やギャラのいい、時給の高い仕事を探すのは間違いです。

お金を払ってでもしたい仕事をすればいいのです。

これが最もいい自分の体験になります。

こうなると、仕事と、遊び・趣味・勉強はまったく区別がなくなります。

体験の中にはモノを買うという行為もあります。

みんながよく口にする「これって高いよね」という言い方は間違っています。

世の中に高いものは1つもありません。

「これって高いよね」と言っているうちは、いつまでたってもお金のついてくる人にはなりません。

お金持ちはお金があるから「高い」と言わないのではありません。お金がないからモノを高いと感じるのでもありません。

自分自身の好きなもの、嫌いなものの価値軸を持つと、それ相応の金額の相場がついてくるので、「割高だよね」という言い方はありません。

「割高だよね」という感覚は、自分の価値基準と比べて高いということです。

自分の価値基準がないものに対して「高い」と言うのはおかしいです。

同時に、「安い」と言うのもおかしいです。

いらないものは、1円であっても安くはありません。
800万円の時計でも、世界で20個しかないものなら、時計の好きな人にとっては高くないのです。

金運をよくするために

38

好きなものに「高い」と言わない。

39 高いと思うものは、買わない。

自分が「高い」と思うのは、それにその値打ちを感じていないからです。

日常生活でも、自分の好きなものはポンポン買いますが、好きでないものは買いません。

そのものに対して高いと感じるなら、「高い」と文句を言わないで、買わなければいいのです。

強制的に買わされることはありません。

高いと思うものを買っても、ムダづかいしたような後ろめたさだけが残ります。

ギャラが安いと思えるような仕事は、やる必要がありません。

イヤイヤ仕事をしなくていいのです。

「この仕事は自分がやりたい」「自分の経験になる」「この仕事が好きだから、お金を払ってでもやりたい」と思う人に、ギャラが安い、給料が安いという発言はありません。

給料が安いという発言がないなら、その人は一生懸命やっているのです。

給料が安いと思っている人は、その仕事を一生懸命できていないのです。

自分の中にどういう価値軸をどれだけ持っていられるかです。
安いと思う仕事はやらなくていいのです。

金運をよくするために

39

安いと思う仕事は、やらない。

CHAPTER

5

お金持ちの仕事術

40 副業より、本業で稼ぐ。

本業と副業とを比べると、短期的には副業のほうが時給は高いです。

つまり、副業のほうがおいしいのです。

お金持ちになれない人の共通点は、副業にメインのエネルギーが注がれて、本業がおろそかになることです。

そうなると、必ず本業が倒れます。

会社も個人も同じです。

本業が倒れると、やがて副業も倒れるのです。

たとえば、講演の時給は作家の時給よりはるかにいいです。

だからといって、作家が講演だけに頼るようになると、必ず貧乏になります。

長期的には、せっかく作家という本業があったのに、短期的においしい仕事に飛びつくと、書くのがバカらしくなります。

作家はそんなおいしい仕事ではないし、こんなに大変な仕事はありません。

たまたま何回かゲストに呼ばれたら、「よし、これでいける」と思って書かなくなるのは、その人にとってきわめて不幸なことです。

たまたま呼ばれた仕事のギャラがよかったり、高額のお車代が出ると、「おいしいから、こっちでやっていこう」と思います。

でも、呼ばれるのは本業があるからです。

本業がなくなった時点で、副業にも呼ばれなくなるのです。

短期的な利益のほうが、一見おいしそうに見えます。

でも、長期的に考えると、それはただ短期間で食いつぶしているだ

けです。

長期的に稼いだほうが、圧倒的に強いのです。

短期売り逃げ型の儲け方をしてはいけません。

判断基準は明快です。

お金持ちになる人の判断基準は、「どちらが長期的に稼げるのか」です。

お金持ちになれない人の判断基準は、「どちらが今儲かるか」です。

長期的に考えるか短期的に考えるかで、お金持ちになれるかどうかが分かれるのです。

金運をよくするために

40

長期的に稼げるほうを、優先しよう。

41 おいしい仕事に飛びつくと、失敗する。

「あの業界・業態は今儲かっている」という形で転職したり、自分でビジネスを起こした人たちは、必ず失敗します。

理由は簡単です。

「儲かっている」というアウトプットの外ヅラしか見えていなくて、その仕事の大変さに気づかないからです。

「おいしい」と思った時点で、その人は現状を把握できていないのです。

実際やってみたら、儲からないのであたふたします。

儲かると思ってお金を借りたり先行投資していたら、アウトです。

儲かっている業界に転職すると、過当競争になります。パイ自体は大きくても、入ってくる人はもっとたくさんいるので勝てないのです。

急成長してマスコミに取り上げられた時は、ピークを過ぎています。誰でも知っている状態から上り坂になることは、決してありません。

情報が端の端まで行き渡っているのです。

マスコミはなかなか情報に飛びつきません。

実際のトレンドよりも若干遅れます。

マスに到達するまでに猛烈な時間がかかるのです。

パーソナルでマニアックな狭い情報として広がったものなら大丈夫です。

マスメディアにのったことは、誰もが知っていることです。

「今〇〇が急成長」と書かれた時点で、その市場は収縮期に入っているのです。

そこへ入っていった人はみんな失敗します。

「あの業界は終わっている」と言われるようなところへは、慎重に入ります。

大変さもわかっています。

そういう人が成功するのです。

きわめて大切な原則は、儲かる仕事はそれだけ大変だということです。

ラクをして儲かる仕事はありません。

バランスは必ずとれています。

おいしい仕事にだまされるのは、だまされたほうが判断を誤ったのです。

仕事には、

1 現金で入ってくる仕事
2 手形や振込で数カ月後に入ってくる仕事

があります。

毎日現金で入ってくる仕事はおいしそうに見えます。

でも、現金で入ってくる仕事は現金で出ていく仕事です。

インカムだけではなく、どれだけの労力と経費がかかるかを把握することが大切なのです。

金運をよくするために
41
おいしい仕事に、飛びつかない。

42 富裕層は、人脈づくりにお金をかける。

お金を持っているだけではお金持ちであり続けることはできません。

すべての人がそれなりの給料、お金をもらっています。

そのお金の使い方の問題なのです。

お金がついてくる人は、持ったお金を人脈づくり、友達づくりに使います。

烏龍茶1杯で5万円という銀座のクラブに行くのは、女性を口説けるからではありません。

行った男性同士で友達になれるからです。

ここにお金をかける価値があるのです。

お金持ちが高いお金を使って年がら年中パーティーをするのは、今まで会ったこともない人と出会えて、友達ができるからです。

パーティー代はばかになりません。

ここでも、お金にどんどん愛される人になるか、愛されない人になるかの分かれ目があります。

新しく出会った人と「何か一緒にやりましょうよ」という話になって、仕事の企画も生まれます。

お金を友達づくりにどうやってかえていけるかが大切なのです。

金運をよくするために 42

人脈づくりに、お金をかけよう。

43 時間を売って儲けても、心の中は貧しい。

お金に余裕がなくなると時間を売ってしまうので、どうしても自分の時給は安くなります。

長時間働かなければならなくなり、ますます時間の奴隷になります。

あるチャンスが来て、「あした面白い人に会うので、一緒に来ませんか？」と言われても、「すみません、あした仕事なんです」「バイトが入っていまして」となります。

自分の時間をお金に置きかえていると、面白い人に出会えて、大きな仕事、面白い仕事ができるチャンスを永遠につかめないで終わってしまうのです。

お金持ちなのに、心の中は貧乏なままの人がいます。

お金がたまることがうれしくてしょうがない人です。

これもお金の魔法です。

通帳にお金がたまり始めると、増やしたいという気持ちが大きくなります。

せっかくお金があって、1時間で大きな金額を生み出せるようになっても、「だから時間を買おう」ではなくて、「もっと儲けよう」とするのです。

自分の時間を売って、より多くのものを稼ごうとする人が、お金持ちの中にもけっこういます。

「お金はあるけど、ヒマがないんです」と言う人は、このパターンです。

本当のお金持ちは「ヒマです」と言います。
お金で時間をどんどん買っているからなのです。

金運をよくするために

43

時間を売らない。

44 お金の話を先にすることで、信用される。

お金で友達ができる場合もあれば、友達ができなくなることもあります。

たとえば、ある人に仕事の依頼をします。

世間の相場として、その人への依頼は高い金額が必要です。

そんな時に、「仕事をお願いしたいんですけど、企画はこういう内容でして」と、お金の話があとまわしになることがあります。

「やりますよ」と言われて、いったん帰ったり、電話を切ったあとに、「実は予算はあまりないんですが」と言う人は、友達ができないタイプです。

予算が潤沢《じゅんたく》にある仕事はそんなにありません。限られた予算の中でどう切り詰めてやっていくかという仕事がほとんどです。

でも、それをキッカケに友達をつくったり、仕事という自分の体験もしなければなりません。

お金の話というのは、お金がある時は、最初にボンと出てきます。ところが、お金のない時はどうしても話が後ろに来ます。OKをとってから、「すみません、予算はこれしかないんです。相場は存じ上げています。もし、それでも手弁当でやってやろうと思ってくださるなら、ぜひやっていただきたいんです。そのかわり、一生懸命面白いものにしていこうと思います。大きくなってお金が稼げるようになった時に、出世払いにさせてください」という形で話すのです。

言われた相手はお金がないことに怒るのではありません。お金の話を後ろへ持ってきたことで、信頼できない感じがするのです。

お金のことは何も言うつもりはないのに、予算がないと仕事を受けない人間だと見られたことにショックを受けます。「この人は2人で一緒に仕事をする時に、大事だけど言いにくいことは後ろにまわすタイプなんじゃないかな」と、パートナーシップを組むことに疑惑の念がわいてきます。

それは大きなマイナスなのです。

先に話しても、あとで話しても、断られる時は断られるのです。

予算のない時は、お金の話をあとまわしにしないことです。

金運のない人ほど、お金の話をあとまわしにします。

そして、「私、お金のことはよく知らないから」と言いわけします。

でも、お金の話は「知らないから」で逃げていてはいけません。「『教えてください』と言ったら、きっと教えてくれるよ」とアドバイスします。

やってはいけないのは、まず主催者が赤字になることです。

それから、お金を払って集まってくれた人がモトがとれない内容にならないことです。

プロでない人が講演を依頼する時は、お金のことをあとまわしにしがちです。

そして、「すみません、お金ないんです」と言うのです。

でも、その言い方では、どの講師に頼みに行っても受けてくれません。

「この人とは信頼関係が築けない」と判断されるのです。

「お金ないんです」と言う人と「１００円しか払えないんです」と言

う人がいたら、１００円しか払えない人のほうを信用します。
お金の話は言いにくいので、ついあとまわしになります。
お金の話をきちんと最初にできる人は、信頼できるのです。

金運をよくするために
44

言いにくいお金の話を、先にしよう。

45 自分の親のつもりで、お金に接する。

お金の話を先にするのが大阪の商売の考え方です。

人を雇う時でも、「給料これしかないんですけど、うちで働いてもらえますか？」と言います。

頼み事をする時でも、「これだけしかないんです」という話がどれだけ最初にできるかです。

そうすると、「予算ないね」と言いながら、ないならゼロでも同じという感じで割り切って、「やる」と言うか「やらない」と言うかどちらかです。

それをグジグジ時間を使って「予算がない」と言われると、信頼度がマイナスになります。

お金の話を最初にしておくと、「この人は予算のないことを最初から言ってくれたよね」と逆に信頼が生まれます。

「いくらぐらいお支払いすればよろしいでしょうか？」と相手の相場を先に聞いてしまうと、相場から逆算した数字だと思われます。

相手の相場を聞かないうちに、自分の金額を先に言うことです。

お札に人の顔が書いてあるのは、お金が人間であることを忘れないためです。

人に接するつもりでお金に接することができれば、お金に過剰にびくびくすることも、粗末に扱うこともありません。

普通に人間が扱うように扱っていけばいいのです。

日常生活の中で、大金だけでなく、１００円玉１個、１０００円札

1枚を使う時でも、これは自分の親だと思って接していれば間違いないのです。

金運をよくするために

45

予算がないことを最初に言おう。

46 自己満足ではなく、お客様に満足してもらう。

「中谷さんと講演会やセミナーの企画をやりたいのですが」と、時々言われます。

イベント会社の人なら、ちゃんとしたノウハウを持っているので、何も心配なくやりとりができます。

シロウトの人の場合は、「こういうことをやりたいです」から始めてもらえばいいのです。

ボランティアっぽくやる人や、イベントの仕事を始めたばかりの人からの依頼は、受けない人もいます。

その気持ちもわかります。

せっかくやったのに、誰も喜ばない形になって、クレームがたくさん発生するからです。

少なくとも、お金をとって来てもらう以上、集まってくれたお客様に満足してもらえる形をつくり上げなければなりません。

「自分はこの講師の先生が好きだから、自分でも聴きたいし、みんなにも聴いてもらいたい」というのはよくわかります。

でも、自分は会えて満足しても、集まってくれたお客様が満足したかどうかを客観的に判断できなければ、自己満足に終わるのです。

お客様が満足しなかったという結果は、なかなか把握できません。

アンケートには「大変よかったです」としか書かれません。

誰もが「大変よかったです」と言って帰ります。

それで自分では成功したような気がするのです。

プロでもシロウトでも、お金をとって来てもらう以上、たとえ10

0円でもそれ以上の満足をお客様に与えなければなりません。

お金だけではなく、お客様の時間をもらって何かをすることに対して、きちんとバランスをとるのです。

「この人に会えればいい」というイージーな気持ちで主催してはいけません。

自分がお金を払って参加する場合の気持ちとは、きちんと一線を引いて、切りかえなければならないのです。

金運をよくするために

46

満足と交換に、お金を受け取ろう。

47 レスポンスを早くする。

「やりたいことはあるのですが、予算も実績もない時は、どう取り組めばよいのでしょうか？」

とたずねられることがあります。

私は、「こういう形でやったらお客様に満足してもらえるよ」とアドバイスします。

言葉のキャッチボールでは、レスポンスを早くすることです。

すべての仕事のやりとりに関しても同じです。

予算も過去の実績もない人が一から頼む時に、「熱意はあるんです」と一生懸命言います。

ただ言うだけでは熱意は伝わりません。

熱意を示すには、レスポンスの早さ以外ありません。

個人が大企業に勝てるのは、レスポンスの早さだけです。

簡単な返答に一晩も二晩もかかると、それだけでうちの秘書室は「この人はあまりヤル気がない」と判断するのです。

金運をよくするために 47

お金がない時は、時間で返そう。

48 末端の人に横柄な態度の人とは、一緒に仕事をしない。

「中谷さんと直接話したい」

というメールをくれる人がよくいます。

私はそういう仕事はまず受けません。

「うちの秘書室は信用されていないの？」と思うのです。

秘書室には、その仕事がより早く、より正確にできるスタッフがいるのに、それを飛び越えて何かをしようとするのです。

うちの秘書室はそんなにモタモタしていません。

秘書室に入った情報は、全部私のところに入ってきて、全部返せるような仕組みになっています。

私の分身であるスタッフを信用しない人は、私自身をないがしろにしているのです。

そういう人の仕事は受けられません。

スタッフも「中谷さんと直接話したい」と言われたら、「自分と話をしてくれないから、この人の仕事はあまり受けたくない」と思います。

自分がスタッフの立場に立てばわかります。

「中谷さんとやりたいのであって、スタッフとはやりたくない」というスタンスの人は、けっこう多いのです。

こういう人は、偉い人にはペコペコします。

でも、受付の人、ガードマンさん、管理人さんには横柄《おうへい》です。

私はそういう人とは一緒に仕事をしたくありません。

私は好き嫌いがむちゃくちゃ激しい人間です。

その差は「横柄」かどうかです。

偉い人に横柄な人はあまりいません。

一緒にレストランに行った時に、オーナーや総支配人にはペコペコして、昨日入ったばかりのバイトのウェイトレスには横柄な人がいます。

私は「この人とは二度とごはんを食べないだろうな」と思うのです。

金運をよくするために

48

偉くない人にこそ、横柄にならない。

49 「手弁当でやっている」という言いわけが、いいかげんな仕事につながる。

講演に限らず、本にしても何にしても、企画はどんどん持ってきてください。

私は、人間としては愛を持っています。

でも、仕事のやり方はきわめて厳しいです。

人を喜ばせるためにする仕事はいいことです。

でも、だからといって、いいかげんにやってもいいということではありません。

危険なのは、「私はいいことをやろうとしているのだから、少々やり方がまずくても許されるだろう」という油断です。

悪事を働いている人のほうが、「悪いことをやっている」という後ろめたさがあるので、逆にその分きっちり仕事をするのです。

ボランティア活動で、ずさんな仕事のやり方はたくさんあります。

ギャラをもらっていたら、その分一生懸命頑張ります。

ところが、旅費も食事代ももらわず手弁当でやっている人が混じると、チーム全体がグチャグチャになるのです。

ノーギャラでやることで自己満足の世界に入ります。

ノーギャラになった瞬間に、いいかげんになる危険性があるのです。

ここは要注意です。

「中谷さんの講演をみんなに聴いてもらいたい」という時点で、「自分はいいことをやっている」と思っています。

そこから先は、熱意を持ってきっちりやらなければなりません。好きな仕事をやっていなければ、いいかげんになる危険性がありま す。

逆に、好きな仕事をやっていても、「好きなことをやっているから」と満足した時点で、いいかげんになる危険性があるのです。

シロウトが今の時点で完璧にこなすことなど、誰も求めていませ ん。

でも、「私は実績もないし経験もありませんが、お願いします」と言っていいのは、1回目だけです。

2回目、3回目にそのセリフを言ってはいけません。

2回目に「私シロウトなので」と言うと、手抜きに対する言いわけになります。

中には、5回目でも10回目でも「私シロウトなので」と言う人がいます。

そういう人は、人に迷惑をかけても「私シロウトなので」と言って逃げるのです。

シロウトなのはわかっています。

でも、2回目以降は「シロウト」と言って逃げてはいけないのです。

金運をよくするために

49

ギャラが安いことを言いわけにしない。

あとがき

幸せなお金持ちは、お金・時間・友達を持っている。

お金の話は、ほとんどが気持ちの話です。

実は、ほんのちょっとした気持ちの持ちようで、いい循環に入るか悪循環に入るかの大きな分かれ道になるのです。

お金だけの問題ではありません。

ちょっとしたことで、精神的にも安定するし、時間の使い方もうまくなるのです。

お金は儲かっても時間がなくなれば、それはバランスが崩れているのです。

幸せなお金持ちは、何か好きなことがあって、それができるお金と時間と一緒にやれる友達がいます。

この中のどれが欠けても幸せではなくなります。

時間とお金があっても一緒にやれる友達がいない人は、幸せなお金持ちではありません。

この3つは並行しながら築くものです。

お金は儲かっても、友達や時間をなくしてはいけません。

この3つがグルグルまわりながら、それぞれ増えることもあれば、減ることもあります。

お金があって時間のない人は、途中の状態です。

実は、3つともなくなるか、3つとも残るかのどちらかなのです。

お金はあるのに時間のない人は、やがてお金もなくなります。

3つを一気に増やすのではなく、3つともコツコツ着実に伸ばすことが大切なのです。

金運をよくするために

50

お金と交換に、時間と友達をなくさないようにしよう。

中谷彰宏の主な作品一覧

〈ビジネス〉

【ダイヤモンド社】

『なぜあの人はいつもやる気があるのか』
『なぜあのリーダーに人はついていくのか』
『なぜあの人は人前で話すのがうまいのか』
『プラス1％の企画力』
『こんな上司に叱られたい。』
『フォローの達人』
『女性に尊敬されるリーダーが、成功する。』
『就活時代しなければならない50のこと』
『お客様を育てるサービス』
『あの人の下なら、「やる気」が出る。』
『なくてはならない人になる』
『人のために何ができるか』
『キャパのある人が、成功する。』
『時間をプレゼントする人が、成功する。』
『会議をなくせば、速くなる。』
『ターニングポイントに立つ君に』
『空気を読める人が、成功する。』
『整理力を高める50の方法』
『迷いを断ち切る50の方法』
『初対面で好かれる60の話し方』
『運が開ける接客術』
『バランス力のある人が、成功する。』
『映画力のある人が、成功する。』

『逆転力を高める50の方法』
『40代でしなければならない50のこと』
『最初の3年その他大勢から抜け出す50の方法』
『ドタン場に強くなる50の方法』
『いい質問は、人を動かす。』
『アイデアが止まらなくなる50の方法』
『メンタル力で逆転する50の方法』
『君はこのままでは終わらない』
『30歳までに成功する50の方法』
『なぜあの人はお金持ちになるのか』
『成功する人の話し方』
『短くて説得力のある文章の書き方』
『超高速右脳読書法』
『なぜあの人は壁を突破できるのか』
『自分力を高めるヒント』
『なぜあの人はストレスに強いのか』
『なぜあの人は部下をイキイキさせるのか』
『なぜあの人はリーダーシップがあるのか』
『なぜあの人は落ち込まないのか』
『20代で差がつく50の勉強法』
『なぜあの人は仕事が速いのか』
『スピード問題解決』
『スピード危機管理』
『スピード決断術』

『スピード情報術』
『スピード顧客満足』
『一流の勉強術』
『スピード意識改革』
『アメリカ人にはできない技術　日本人だからできる技術』
『お客様のファンになろう』
『成功するためにしなければならない80のこと』
『大人のスピード時間術』
『成功の方程式』
『なぜあの人は問題解決がうまいのか』
『しびれる仕事をしよう』
『大人のスピード思考法』
『「アホ」になれる人が成功する』
『しびれるサービス』
『ネットで勝つ』
『大人のスピード説得術』
『お客様に学ぶサービス勉強法』
『eに賭ける』
『大人のスピード仕事術』
『スピード人脈術』
『スピードサービス』
『スピード成功の方程式』
『スピードリーダーシップ』

『大人のスピード勉強法』
『今やるか一生やらないか』
『人を喜ばせるために生まれてきた』
『一日に24時間もあるじゃないか』
『もう「できません」とは言わない』
『出会いにひとつのムダもない』
『お客様が私の先生です』
『今からお会いしましょう』
『お客様がお客様を連れて来る』
『お客様にしなければならない50のこと』
『30代でしなければならない50のこと』
『20代でしなければならない50のこと』
『独立するためにしなければならない50のこと』
『なぜあの人の話に納得してしまうのか』
『なぜあの人は気がきくのか』
『なぜあの人は困った人とつきあえるのか』
『なぜあの人はお客さんに好かれるのか』
『なぜあの人はいつも元気なのか』
『なぜあの人は時間を創り出せるのか』
『なぜあの人は運が強いのか』
『なぜあの人にまた会いたくなるのか』
『なぜあの人はプレッシャーに強いのか』
ビデオ『あなたに会うと元気になる』
ビデオ『出会いを大事にする人が成功する』
ビデオ『理解する人が、理解される』
ビデオ『人を動かすのでなく、自分が動こう』
ビデオ『出会いにひとつのムダもない』

【ファーストプレス】
『一流の常識を破る【1】「超一流」の仕事術』
『一流の常識を破る【2】「超一流」の勉強法』
『一流の常識を破る【3】「超一流」の行動術』
『一流の常識を破る【4】「超一流」の時間術』
『一流の常識を破る【5】「超一流」の整理術』
『一流の常識を破る【6】「超一流」の構想術』
『一流の常識を破る【7】「超一流」の分析力』
『一流の常識を破る【8】「超一流」の会話術』

【PHP研究所】
『【図解】「できる人」のスピード人脈術』
『オヤジにならない60のビジネスマナー』
【愛蔵版】
『【図解】「できる人」のスピード整理術』
『明日は、もっとうまくいく。』
『【図解】「できる人」の時間活用ノート』

【PHP文庫】
『スピード整理術』
『あなたが動けば、人は動く』
『入社3年目までに勝負がつく77の法則』

【三笠書房】
『【最強版】あなたのお客さんになりたい!』

【三笠書房・知的生きかた文庫／王様文庫】
『3分で右脳が目覚めた。』
『お金で苦労する人しない人』

【オータパブリケイションズ】
『せつないサービスを胸きゅんサービスに変える』
『ホテルのとんがりマーケティング』
『レストラン王になろう2』
『改革王になろう』
『私をホテルに連れてって』
『サービス王になろう2』
『サービス刑事』
『レストラン王になろう』
『ホテル王になろう』

【ビジネス社】
『あなたを成功に導く「表情力」』
『幸せな大金持ち 不幸せな小金持ち』
『大金持ちになれる人 小金持ちで終わる人』

『右脳でオンリーワンになる50の方法』
『技術の鉄人 現場の達人』
『情報王』
『昨日と違う自分になる「学習力」』

【廣済堂文庫】
『逆境こそ成功のチャンス』
『諦めない人が成功する』
『マニュアルにないサービスが成功する』

【サンマーク文庫】
『時間塾』『企画塾』『情報塾』『交渉塾』
『人脈塾』『成功塾』『自分塾』

【ぜんにち出版】
『富裕層ビジネス 成功の秘訣』
『リーダーの条件』

【KKベストセラーズ】
『人脈より人望のある人が成功する』
『オンリーワンになる仕事術』

【ゴマブックス】
『成功する人の一見、運に見える小さな工夫』

【総合法令出版】
『オンリーワンになろう』

【サンクチュアリ出版】
『転職先はわたしの会社』

【ぶんか社】
『なぜあの人は楽しみながら儲かるのか』

【ぶんか社文庫】
『なぜあの人は楽しみながら儲かるのか』

【イースト・プレス】
図解『右脳を使えば、すごいスピードで本が読める。』

【たちばな出版】
マンガ版『ここまでは誰でもやる』

【幻冬舎】
『やりたいこと再発見 自分リストラ術』

【実業之日本社】
『人を動かすコトバ』

【DHC】
『あと「ひとこと」の英会話』

【小学館】
『デジタルマナーの達人』

【東洋経済新報社】
『サービスの達人』

【三一書房】
『復活して成功する57の方法』

【オーディオブックジャパン】
『本当の自分に出会える101の言葉』

【オーディオブック】

【リヨン社】
『子どもの一生を決める46の言葉のプレゼント』

【しごとの自習室／リブラ・エージェンシー】
CD『中谷彰宏「女性に尊敬されるリーダーになる7つの方法」』

【Visionet／アヴァンティ】
CD『中谷彰宏が自ら自分の秘訣を語る―もっと！すごい仕事術編―』

【にんげんクラブ事務局】
DVD『あなたは、もっと変われる』
CD『あなたは、もっと変われる』
【船井メディア】
『ホスピタリティの極意』(小山政彦対談)月刊CD・カセット情報マガジン「Just」07年6月号
DVD『中谷彰宏の成功ワークショップ』
【オンリー・ハーツ】
DVD『中谷彰宏の成功する人の決断術』(レンタル版)
DVD『中谷彰宏の成功する人の整理術』(レンタル版)
DVD『中谷彰宏の成功する人の人脈術』(レンタル版)
DVD『中谷彰宏の成功する人の時間術』(レンタル版)
【楽天トラベル】
DVD・CD『ブランドになる"とんがり"を作る7つの方法』
【フィールアライブ】
DVD『講師の達人』

【SBC信越放送】
CD『中谷彰宏のビジネスサプリ vol.1』
【Cibercinema ／アクティブ】
DVD『就活の達人 教職編』

〈恋愛論・人生論〉

【中谷彰宏事務所】
『ヒラメキを、即、行動に移そう。』
『徹底的に愛するから、一生続く。』
『断られた人が、夢を実現する。』
『「あげまん」になる36の方法』
『断られた人が、夢を実現する。』
【ダイヤモンド社】
『大人のマナー』
『あなたが「あなた」を超えるとき』
『中谷彰宏金言集』
『「キレない力」を作る50の方法』
『お金は、後からついてくる。』
『中谷彰宏名言集』
『30代で出会わなければならない50人』
『20代で出会わなければならない50人』
『あせらず、止まらず、退かず。』
『「人間力」で、運が開ける。』
『明日がワクワクする50の方法』
『なぜあの人は10歳若く見えるのか』
『テンションを上げる45の方法』
『大人のスピード勉強法』【軽装版】
『成功体質になる50の方法』
『運のいい人に好かれる50の方法』
『本番力を高める57の方法』
『運が開ける勉強法』
『ラスト3分に強くなる50の方法』
『できる人ほど、よく眠る。』
『答えは、自分の中にある。』
『思い出した夢は、実現する。』
『習い事で生まれ変わる42の方法』
『30代で差がつく50の勉強法』
『面白くなければカッコよくない』
『たった一言で生まれ変わる』
『なぜあの人は集中力があるのか』
『なぜあの人は人の心が読めるのか』
『健康になる家 病気になる家』
『泥棒がねらう家 泥棒が避ける家』
『スピード自己実現』
『スピード開運術』
『破壊から始めよう!』
『失敗を楽しもう』
『20代自分らしく生きる45の方法』

『ケンカに勝つ60の方法』
『受験の達人』
『お金は使えば使うほど増える』
『自分のためにもっとお金を使おう』
『ピンチを楽しもう』
『本当の自分に出会える101の言葉』
『大人になる前にしなければならない50のこと』
『自分で思うほどダメじゃない』
『人を許すことで人は許される』
『人は短所で愛される』
『会社で教えてくれない50のこと』
『学校で教えてくれない50のこと』
『あなたは人生に愛されている』
『あなたの出会いはすべて正しい』
『大学時代しなければならない50のこと』
『大学時代出会わなければならない50人』
『昨日までの自分に別れを告げる』
『人生は成功するようにできている』
『あなたに起こることはすべて正しい』
『不器用な人ほど成功する』

【PHP研究所】
『中学時代にしておく50のこと』
『運がよくなるマナー』
『お金持ちは、お札の向きがそろっている。』

『明日いいことが起こる夜の習慣』

【PHP文庫】
『たった3分で愛される人になる』
『たった3分で見ちがえる人になる』
『すぐに使えるマナー心理テスト』
『右脳で行動できる人が成功する』
『自分で考える人が成功する』
『大人の友達を作ろう。』
『「大人の女」のマナー』
『大学時代しなければならない50のこと』
『なぜ彼女にオーラを感じるのか』

【三笠書房】
『「本気の3日間」であなたは変わる』

【三笠書房・知的生きかた文庫／王様文庫】
『金運を味方にする43の方法』
『120％人に好かれる！ハッピー・ルール』
『自分に自信をつける50のヒント』
『29歳からの「一人時間」の楽しみかた』
『25歳からの「いい女」の時間割』
『僕が君に魅かれる理由』

【説話社】
『あなたにはツキがある』

『占いで運命を変えることができる』

【大和書房】
『初めての、恋のしかた』
『「17歳力」のある人が、成功する。』
『大人の男を口説く方法』
『ちょっとした工夫で、人生は変わる。』
『1週間で「新しい自分」になる。』
『「大人の男」に愛される恋愛マナー』
『女性から口説く101の恋愛会話』
『男は女で修行する。』

【KKベストセラーズ】
『会話の達人』
『「運命の3分」で、成功する。』
『チャンスは目の前にある』
『30歳からの男の修行』
『誰も教えてくれなかった大人のルール恋愛編』
『誰も教えてくれなかった大人のルール』
『「ほめる」「あやまる」「感謝する」ですべてうまく行く』
『オンリーワンになる勉強法』
『「君を、つらぬこう。」』
『眠れない夜の数だけ君はキレイになる』
『一流の遊び人が成功する』

【ぜんにち出版】
『ワルの作法』
『モテるオヤジの作法2』
『かわいげのある女』
『モテるオヤジの作法』

【イースト・プレス】
『「男を口説ける男」が、女にモテる。』
『安倍晴明に学ぶ33の魔術』
『だから好き、なのに愛してる。』
『気がついたら、してた。』

【阪急コミュニケーションズ】
『いい男をつかまえる恋愛会話力』
『サクセス＆ハッピーになる50の方法』
『子供を自立させる55の方法』

【主婦の友社】
『3分でオーラが出た～紳士編～』
『3分でオーラが出た～淑女編～』
『運に愛されるトライ美人』
『「黄金の女性」になるマジック・ノート』
『ハッピーな女性の「恋愛力」』
『なぜあの人には、センスがあるのか。』

【ゴマブックス】
『成功する人の一見、運に見える小さな工夫』
『夢を実現するために、今すぐできる50のこと』
『「つり橋が、落ちないように、渡ろう。」』
『「あれ、なんで泣いてたんだっけ？」』
『「一生懸命、適当に。」』
『「幸運は、君が運んでくる。」』
『「いい男といると、元気になれる。」』
『「直球ですが、好きです。」』
『「ノー・プロブレムです。」』
『「最近、何かムチャなコトした？」』
『「トイレで笑ってる、君が好き。」』
『「人生の袋とじ」を開けよう。』
『「特別な人が、君を待っている。」』
『「君は、夢の通りに歩いていける。」』

【グラフ社】
『魔法使いが教えてくれる結婚する人に贈る言葉』
『魔法使いが教えてくれる愛されるメール』

【総合法令出版】
『カッコイイ女の条件』
『恋愛女王』

【幻冬舎】
『本当の生きる力をつける本』
『あなたが変わる自分アピール術』

【廣済堂文庫】
『遊び上手が成功する』
『元気な心と体で成功をよびこむ』
『成功する人しない人』

【東洋経済新報社】
『なぜあの人はタフなのか』
『なぜあの人は強いのか』

【ＤＨＣ】
書画集『会う人みんな神さま』
ポストカード『会う人みんな神さま』

【リヨン社】
『「お金と才能」がない人ほど、成功する52の方法』
『「お金持ち」の時間術』
『ツキを呼ぶ53の方法』

【ファーストプレス】
『運とチャンスは「アウェイ」にある』

【ことのは出版】
『お掃除デトックス』【オーディオブック】
【明日香出版社】
『「出る杭」な君の活かしかた』
【ベースボール・マガジン社】
『ボウリング場が、学校だった。』【新書】
【ロングセラーズ】
『ハートフルセックス』【新書】
【ソーテック社】
『目力の鍛え方』
【ビジネス社】
『お掃除デトックス』
【きこ書房】
『大人の教科書』
【メディエイション・飛鳥新社】
『恋愛天使』
【中経出版】
『和田一夫さんに「元気な人生」を教えてもらう』

【サンクチュアリ出版】
『壁に当たるのは気モチイイ　人生もエッチも』
【KKロングセラーズ】
『キスに始まり、キスに終わる。』
【メディアファクトリー】
『女々しい男で　いいじゃないか』
【PARCO出版】
『自分がブランドになる』
【徳間書店】
『なぜあの人には気品があるのか』
【経済界】
『抱擁力』
【文芸社】
『贅沢なキスをしよう。』
【ソニー・マガジンズ】
『SHIHOスタイル』

【しごとの自習室／リブラ・エージェンシー】
DVD『中谷彰宏　運を味方にする7つの方法』(レンタル版)
DVD『中谷彰宏　幸せなお金持ちになる7つの方法』
CD『中谷彰宏の映画塾1』
CD『中谷彰宏の旅行塾』
CD『月刊・中谷彰宏』
CD『別冊・中谷彰宏』
CD『寝る前にする7つの小さな習慣』
CD『中谷彰宏「お金がついてくる7つの小さな習慣」』
CD『中谷彰宏「30代の出会いが自分を磨く―中谷彰宏が30代で出会った人々」』
CD『中谷彰宏「イマジネーションで、コミュニケーション」』
CD『中谷彰宏「明日からリーダー孝行しよう!」』
CD『中谷彰宏「カッコいい大人の街、ナポリを歩く」』
【私には夢がある】
DVD『弱くてちっぽけな自分を認めてあげよう』
DVD『夢予備校第1期・自信を持って、自分ブランドを作ろう』

DVD『夢予備校in大阪(1)自分が何をしたいのかがわからなくなった時が、チャンス。』
DVD『夢予備校特進クラス』

【Visionet／アヴァンティ】
CD『中谷彰宏ライブ／お金持ちになる人のお金の儲け方、使い方』
CD『中谷彰宏ライブ／仕事・恋愛・ライフスタイル～出来る女になる7つの方法～』
CD『BIG interview 中谷彰宏の成功学 人生を豊かにする5つの力』
CD『中谷彰宏ライブ 90分でわかる億万長者の法則』
CD『中谷彰宏の成功学～もっと成功するためのあと3つの力』

【オンリー・ハーツ】
DVD『中谷彰宏のお金持ちになる人の恋愛術』(レンタル版)
DVD『中谷彰宏のお金持ちになる人の金銭術』(レンタル版)

【フィールアライブ】
DVD『講師の達人 特別講義(1)「つかみ力」』
DVD『講師の達人 特別講義(2)「構成力」』
DVD『講師の達人 特別講義(3)「感知力」』
DVD『講師の達人 特別講義(4)「メリハリ力」』
DVD『講師の達人 特別講義(5)「時間空間マネジメント力」』
DVD『講師の達人 特別講義(6)「発問力・自立促進力」』
DVD『人生の素晴らしさに気づく・中谷彰宏講演会』

【コミュニケーションデザイン】
CD『中谷彰宏&佳川奈未 スペシャルトークCD サクセス・スピリットの法則』
CD『中谷彰宏&佳川奈未 スペシャルトーク 恋愛スピリットの法則』

【にんげんクラブ事務局】
DVD『運を拓く7つの方法』
CD『運を拓く7つの方法』

【ウェスタンムーブ】
DVD『気づきが、人を元気にする。』

【ザ・シチズンズ・カレッジ】
CD『運を味方にする7つの方法』

〈面接の達人〉

【ダイヤモンド社】
『面接の達人 バイブル版』
『面接の達人 自己分析・エントリーシート編』
『面接の達人 就活マナー編』
『面接の達人 問題集男子編』
『面接の達人 問題集女子編』
『面接の達人 転職版』
『面接の達人 転職実例集』

〈小説〉

【青春出版社】
『いい女だからワルを愛する』

※本の感想など、どんなことでも、お手紙を楽しみにしています。
他の人に読まれることはありません。**僕は、本気で読みます。**

中谷彰宏

〒102-8331　千代田区三番町３番地10
ＰＨＰ研究所　文庫出版部気付　中谷彰宏　行

＊食品、現金、切手等の同封は、ご遠慮ください。(文庫出版部)

【中谷彰宏　ホームページ】http://www.an-web.com/
【モバイル】http://www.an-web.com/mobile/

ＱＲコードの読み取りに対応したカメラ付き携帯電話で、ＱＲコードを読み取ると、中谷彰宏ホームページのモバイル版にアクセスできます。対応機種・操作方法は取り扱い説明書をご覧ください。

中谷彰宏氏は、盲導犬育成事業に賛同し、この本の印税の一部を㈶日本盲導犬協会に寄付しています。

この作品は、2007年11月にＰＨＰ研究所より刊行された。

著者紹介
中谷彰宏（なかたに　あきひろ）
1959年、大阪府生まれ。早稲田大学第一文学部演劇科卒。博報堂に入社し、8年間のCMプランナーを経て、91年、独立し、株式会社中谷彰宏事務所を設立。人生論、ビジネスから恋愛エッセイ、小説まで、多くのロングセラー、ベストセラーを送り出す。中谷塾を主宰し、全国で講演活動を行っている。

PHP文庫　お金持ちは、お札の向きがそろっている。

2009年6月17日　第1版第1刷

著　者　中谷彰宏
発行者　江口克彦
発行所　PHP研究所
東京本部　〒102-8331　千代田区三番町3番地10
文庫出版部　☎03-3239-6259（編集）
普及一部　☎03-3239-6233（販売）
京都本部　〒601-8411　京都市南区西九条北ノ内町11
PHP INTERFACE　http://www.php.co.jp/
制作協力
組　版　PHPエディターズ・グループ
印刷所
製本所　図書印刷株式会社

ISBN978-4-569-67274-8

PHP文庫

逢坂剛／北原亞以子　鬼平が「うまい」と言った江戸の味
逢沢明　大人のクイズ
逢沢明　頭がよくなる数学パズル
逢沢明　「負けるが勝ち」の逆転！ゲーム理論
青木功　ゴルフわが技術
赤羽建美　女性が好かれる9つの理由
阿川弘之　日本海軍に捧ぐ
浅野八郎 監修　「言葉のウラ」を読む技術
浅野裕子　大人のエレガンス80のマナー
阿奈靖雄　「プラス思考の習慣」で道は開ける
阿奈靖雄　プラス思考を習慣づける52の法則
綾小路きみまろ　有効期限の過ぎた亭主・賞味期限の切れた女房
アレクサンドラ・ストッダード／大原敬子 訳　人生は100回でもやり直しがきく
飯田史彦　生きがいのマネジメント
飯田史彦　大学で何をどう学ぶか
飯田史彦　生きがいの本質
飯田史彦　愛の論理
飯田史彦　ブレイクスルー思考
飯田史彦　人生の価値
池波正太郎　霧に消えた影

池波正太郎　信長と秀吉と家康
池波正太郎　さむらいの巣
石井辰哉　TOEIC®テスト実践勉強法
石島洋一　決算書がおもしろいほどわかる本
石島洋一　だいたいわかる「決算書」の読み方
石島洋一　「バランスシート」がみるみるわかる本
石田勝正　抱かれる子どもはよい子に育つ
石原結實　血液サラサラで、病気が治る、キレイになれる
伊集院憲弘　いい仕事は「なぜ？」から始まる
泉秀樹　「東海道五十三次」おもしろ探訪
泉秀樹　戦国なるほど人物事典
泉秀樹　幕末維新なるほど人物事典
板坂元　男の作法
板坂元　男のたしなみ
市田ひろみ　気くばり上手、きほんの「き」
伊藤雅俊　商いの道
稲盛和夫　成功への情熱―PASSION―
稲盛和夫／盛和塾事務局 編　稲盛和夫の実践経営塾
稲盛和夫　稲盛和夫の哲学
井上和子　聡明な女性はスリムに生きる

今泉正顕　人物なるほど「一日一話」
今川徳三　実録 沖田総司と新選組
内海隆一郎　懐かしい人びと
梅澤恵美子　額《ぬか》田《たの》王《おおきみ》の謎
梅津祐良 監修／池上重輔 著　〔図解〕わかる！MBA
瓜生中　仏像がよくわかる本
江口克彦　心はいつもここにある
江口克彦　経営秘伝
松下幸之助 述／江口克彦 記　松翁論語
江口克彦　王道の経営
江口克彦　成功の法則
江口克彦 編著　成功の智恵
江口克彦　上司の哲学
江口克彦　部下の哲学
江口克彦　人徳経営のすすめ
江口克彦　鈴木敏文 経営を語る
江坂彰　大失業時代。サラリーマンはこうなる
江坂彰　「21世紀型上司」はこうなる
エンサイクロネット　「言葉のルーツ」おもしろ雑学
エンサイクロネット　仕事ができる人の「マル秘」法則

PHP文庫

PHP文庫

黒鉄ヒロシ　坂本龍馬
黒鉄ヒロシ　幕末暗殺
黒部亨　宇喜多直家
ケリー・グリーソン　楡井浩一 訳　なぜか、「仕事がうまくいく人」の習慣
ケリー・グリーソン　楡井浩一 訳　だから、「仕事がうまくいく人」の習慣
小池直己　TOEIC®テストの「決まり文句」
小池直己　TOEIC®テストの英文法
小池直己　TOEIC®テストの英単語
小池直己　英語ではこう言う！　日本語の「決まり文句」
小池直己　TOEIC®テストの英熟語
小池直己　TOEIC®テストの基本英会話
小池直己　センター試験英語を6時間で攻略する本
小池直己　佐藤誠司　中学英語を5日間でやり直す本
幸運社　意外と知らない「もののはじまり」
神坂次郎　特攻隊員の命の声が聞こえる
甲野善紀　武術の新・人間学
甲野善紀　古武術からの発想
甲野善紀　表の体育　裏の体育
郡順史　佐々成政
國分康孝　人間関係がラクになる心理学

國分康孝　自分をラクにする心理学
心本舗　みんなの箱人《ハコジン》占い
兒嶋かよ子 監修　「民法」がよくわかる本
兒嶋かよ子 監修　クイズ法律事務所
児玉佳子　須藤亜希子　赤ちゃんの気持ちがわかる本
近衛龍春　織田信忠
木幡健一　「マーケティング」の基本がわかる本
木幡健一　「プレゼンテーション」に強くなる本
小林正博　小さな会社の社長学
小巻泰之 監修　造事務所 著　図解　日本経済のしくみ
小山俊　リーダーのための心理法則
コリアンワークス　「日本人と韓国人」なるほど事典
コリン・ターナー　早野依子 訳　あなたに奇跡を起こす小さな100の智恵
コリン・ターナー　早野依子 訳　あなたに奇跡を起こす希望のストーリー
近藤唯之　プロ野球　遅咲きの人間学
今野紀雄 監修　「微分・積分」を楽しむ本
財団法人計量生活会館　知って安心！「脳」の健康常識
斎藤茂太　心のウサが晴れる本
斎藤茂太　逆境がプラスに変わる考え方
斎藤茂太　10代の子供のしつけ方

斎藤茂太　「なぜか人に好かれる人」の共通点
齋藤孝　会議革命
酒井美意子　花のある女の子の育て方
堺屋太一　組織の盛衰
坂崎重盛　なぜ、この人の周《まわ》りに人が集まるのか
坂崎重盛　「人間関係ぎらい」を楽しむ生き方
坂田信弘　ゴルフ進化論
坂田信弘　ゴルフ進化論2
坂野尚子　「いい仕事」ができる女性
阪本亮一　できる営業マンはお客と何を話しているのか
阪本亮一　超「リアル」営業戦術
櫻井よしこ　大人たちの失敗
佐々木宏　成功するプレゼンテーション
佐治晴夫　宇宙の不思議
佐竹申伍　島左近
佐竹申伍　蒲《がも》生《う》氏《うじ》郷《さと》
佐竹申伍　真田幸村
佐々淳行　危機管理のノウハウ・PART(1)(2)(3)
佐藤綾子　かしこい女は、かわいく生きる。
佐藤綾子　すてきな自分への22章

PHP文庫

佐藤綾子 すべてを変える勇気をもとう
佐藤綾子 自分を大好きになる55のヒント
佐藤勝彦 監修 「相対性理論」を楽しむ本
佐藤勝彦 監修 最新宇宙論と天文学を楽しむ本
佐藤勝彦 監修 「量子論」を楽しむ本
佐藤勝彦 監修 「相対性理論」の世界へようこそ
佐藤よし子 英国スタイルの家事整理術
佐藤よし子 監修 英国スタイルのシンプルマナー講座
J&L パブリッシング 編著 今さら人に聞けない「パソコンの技術」
ジェラァー・ホワイト 酒井泰介 訳 「最大効果!」の仕事術
重松一義 江戸の犯罪白書
七田眞 子どもの知力を伸ばす300の知恵
篠原佳年 幸福力
芝豪 太《たい》公《こう》望《ぼう》
柴田武 知ってるようで知らない日本語
渋谷昌三 外見だけで人を判断する技術
渋谷昌三 使える心理ネタ43
渋谷昌三 外見だけで人を判断する技術 実践編
渋谷昌三 しぐさで人の気持ちをつかむ技術
司馬遼太郎 人間というもの

嶋津義忠 上杉鷹山
清水武治 「ゲーム理論」の基本がよくわかる本
下村昇 大人のための漢字クイズ
謝世輝 世界史の新しい読み方
シルビア・ブラウン リンジー・ハリソン 堤江実 訳 あなたに奇跡を起こすスピリチュアル・ノート
陣川公平 よくわかる会社経理
陣川公平 経理・財務のキーワードがわかる事典
水津正臣 監修 「刑法」がよくわかる本
水津正臣 監修 「職場の法律」がよくわかる本
菅原明子 マイナスイオンの秘密
菅原万美 お嬢様ルール入門
杉本苑子 落とし穴
スーザン・ヘイワード 編 山川紘矢/山川亜希子 訳 聖なる知恵の言葉
鈴木五郎 飛行機の100年史
鈴木秀子 9つの性格
鈴木豊 「顧客満足」の基本がわかる本
鈴木豊 「顧客満足」を高める35のヒント
スチュアート・クレイナー 金利光 訳 ウェルチ 勝者の哲学
スティーブ・チャンドラー 弓場隆 訳 あなたの夢が実現する簡単な70の方法
世界博学倶楽部 「世界地理」なるほど雑学事典

関裕二 古代史の秘密を握る人たち
関裕二 消された王権・物部氏の謎
関裕二 大化改新の謎
関裕二 壬申の乱の謎
関裕二 神武東征の謎
瀬島龍三 大東亜戦争の実相
全国データ愛好会 47都道府県なんでもベスト10
曾野綾子 人は最期の日でさえやり直せる
大疑問研究会 大人の新常識520
太平洋戦争研究会 太平洋戦争がよくわかる本
太平洋戦争研究会 日本海軍がよくわかる事典
太平洋戦争研究会 日本陸軍がよくわかる事典
太平洋戦争研究会 日露戦争がよくわかる本
多賀一史 日本海軍艦艇ハンドブック
多賀一史 日本陸海軍航空機ハンドブック
多湖輝 しつけの知恵
高嶋秀武 話のおもしろい人、つまらない人
高嶋秀武 しゃべり上手で差をつけよう
髙嶌幸広 説得上手になる本
髙嶌幸広 話し方上手になる本

PHP文庫

PHP文庫

中谷彰宏　人を動かせる人の50の小さな習慣
中谷彰宏　本当の自分に出会える101の言葉
中谷彰宏　一日に24時間もあるじゃないか
中津文彦　歴史に消された「18人のミステリー」
中西　安　数字が苦手な人の経営分析
中西輝政　大英帝国衰亡史
中野　明　論理的に思考する技術
中原英臣／佐川　峻　なにが「脳」を壊していくのか
永久寿夫　スラスラ読める「日本政治原論」
中村昭雄 監修／造事務所 著　図解 政府・国会・官公庁のしくみ
中村彰彦　幕末を読み直す
中村　晃　直《なお》江《え》兼《かね》続《つぐ》
中村　晃　児玉源太郎
中村祐輔 監修　遺伝子の謎を楽しむ本
中村幸昭　マグロは時速160キロで泳ぐ
中村義作 編／阿邊恵一 著　知って得する！ 速算術
中山み登り　「あきらめない女」になろう
中山み登り　へなちょこシングルマザー日記
中山庸子　「夢ノート」のつくりかた
中山庸子　夢生活カレンダー

奈良井安　「問題解決力」がみるみる身につく本
西野武彦　「株のしくみ」がよくわかる本
西本万映子　「就職」に成功する文章術
日本語表現研究会　気のきいた言葉の事典
日本博学倶楽部　「県民性」なるほど雑学事典
日本博学倶楽部　「歴史」の意外な結末
日本博学倶楽部　「関東」と「関西」こんなに違う事典
日本博学倶楽部　雑学大学
日本博学倶楽部　世の中の「ウラ事情」はこうなっている
日本博学倶楽部　「関東」と「関西」おもしろ比較読本
日本博学倶楽部　歴史の意外な「ウラ事情」
日本博学倶楽部　身近な「モノ」の超意外な雑学
日本博学倶楽部　歴史の「決定的瞬間」
日本博学倶楽部　歴史を動かした意外な人間関係
日本博学倶楽部　歴史の意外な「ウワサ話」
日本博学倶楽部　「ことわざ」なるほど雑学事典
日本博学倶楽部　「間違いやすい日本語」の本
日本博学倶楽部　戦国武将・あの人の「その後」
日本博学倶楽部　幕末維新・あの人の「その後」
日本博学倶楽部　ちょっと人には聞けない「愚かな疑問」

日本博学倶楽部　日露戦争・あの人の「その後」
沼田陽一　イヌはなぜ人間になつくのか
野村敏雄　宇喜多秀家
野村敏雄　大谷吉継
野村敏雄　小早川隆景
野村敏雄　秋山好古
ハイパープレス　雑学居酒屋
葉治英哉　松平容保
葉治英哉　張良
橋口玲子 監修　元気でキレイなからだのつくり方
長谷川三千子　正義の喪失
秦　郁彦 編　ゼロ戦20番勝負
畠山芳雄　人を育てる100の鉄則
畠山芳雄　こんな幹部は辞表を書け
服部英彦　「質問力」のある人が成功する
服部省吾　戦闘機の戦い方
服部隆幸　[入門]ワン・トゥ・ワン・マーケティング
花村　奨　前田利家
バーバラ・コロローソ／田栗美奈子 訳　子どもに変化を起こす簡単な習慣
羽生道英　佐々木道誉

PHP文庫

羽生道英　伊藤博文
浜尾実　子供を伸ばす一言、ダメにする一言
浜野卓也　黒田官兵衛
浜野卓也　細川忠興
浜野卓也　佐々木小次郎
晴山陽一　TOEIC®テスト英単語　ビッグバン速習法
半藤一利　日本海軍の興亡
半藤一利　ドキュメント太平洋戦争への道
半藤一利　レイテ沖海戦
半藤一利　ルンガ沖夜戦
半藤一利／秦郁彦／横山恵一　日本海軍 戦場の教訓
半藤末利子　夏目家の糠《ぬか》みそ
PHPエディターズ・グループ　図解「パソコン入門」の入門
PHPエディターズ・グループ　図解 パソコンでグラフ・表づくり
PHP総合研究所 編　松下幸之助 若き社会人に贈ることば
PHP総合研究所 編　松下幸之助「一日一話」
樋口廣太郎　挑めばチャンス 逃げればピンチ
火坂雅志　魔界都市・京都の謎
日野原重明　いのちの器〈新装版〉
平井信義　5歳までのゆっくり子育て

平井信義　思いやりある子の育て方
平井信義　親がすべきこと・してはいけないこと
平井信義　子どもの能力の見つけ方・伸ばし方
平井信義　子どもを叱る前に読む本
平井信義　ゆっくり子育て事典
平川陽一　超古代大陸文明の謎
平川陽一　47都道府県・怖くて不思議な物語
平川陽一　世界遺産・封印されたミステリー
平川陽一　古代都市・封印されたミステリー
平澤興　論語を楽しむ
ビル・トッテン　アングロサクソンは人間を不幸にする
福井栄一　上方《かみがた》学
福島哲史　「書く力」が身につく本
福田健　「交渉力」の基本が身につく本
藤井龍二　「ロングセラー商品」誕生物語
藤井龍二　「ロングセラー商品」誕生物語・2
藤田完二　上司はあなたのどこを見ているか
藤原美智子　「きれい」への77のレッスン
藤本義一／丹波元　大阪人と日本人
北條恒一　〈改訂版〉「株式会社」のすべてがわかる本

北條恒一　図解「損益分岐点」がよくわかる本
保坂隆 監修　「プチ・ストレス」にさよならする本
保阪正康　太平洋戦争の失敗・10のポイント
保阪正康　昭和史がわかる55のポイント
保阪正康　父が子に語る昭和史
星亮一　浅井長政
本間正人　「コーチング」に強くなる本
本間正人／本間直人　「コーチング」に強くなる本・応用編
本間正人　[図解]ビジネス・コーチング入門
本多信一　内向型人間だからうまくいく
毎日新聞社　話のネタ
前垣和義　東京と大阪・「味」のなるほど比較事典
マザー・テレサ 著／ホセ・ルイス・バラド 編／渡辺和子 訳　マザー・テレサ 愛と祈りのことば
ますいさくら　「できる男」「できない男」の見分け方
ますいさくら　「できる男」の口説き方
町沢静夫　なぜ「いい人」は心を病むのか
松井今朝子　東洲しゃらくさし
松井今朝子　幕末あどれさん
松澤佑次 監修／駒沢伸泰 著　やさしい「がん」の教科書
松田十刻　東条英機

PHP文庫

向山洋一　向山式「勉強のコツ」がよくわかる本
向山洋一編　山田 彰著　「中学の数学」全公式が12時間でわかる本
向山洋一編　井上好文著　中学の数学「苦手な文章題」を5時間で攻略する本
森 荷葉　和風えれがんとマナー講座
森 荷葉　「きもの」は女の味方です。
森本邦子　わが子が幼稚園に通うとき読む本
森本哲郎　ことばへの旅（上）（下）
森本哲郎　戦争と人間
守屋 洋　中国古典一日一言
守屋 洋　新釈 菜根譚
守屋 洋　男の器量 男の値打ち
八坂裕子　ハートを伝える聞き方、話し方
八坂裕子　好きな彼に言ってはいけない50のことば
安岡正篤　活眼 活学
安岡正篤　活学としての東洋思想
安岡正篤　人生と陽明学
安岡正篤　論語に学ぶ
八尋舜右　竹中半兵衛
八尋舜右　立花宗茂
薮小路雅彦　超現代語訳 百人一首

山折哲雄　蓮如と信長
ブライアン・L・ワイス　山川紘矢・亜希子訳　前世療法
ブライアン・L・ワイス　山川紘矢・亜希子訳　前世療法 2
ブライアン・L・ワイス　山川紘矢・亜希子訳　魂の伴侶—ソウルメイト
ブライアン・L・ワイス　山川紘矢・亜希子訳　「前世」からのメッセージ
山﨑武也　一流の仕事術
山﨑房一　強い子・伸びる子の育て方
山﨑房一　心がやすらぐ魔法のことば
山﨑房一　子どもを伸ばす魔法のことば
山﨑房一　どんどんほめればグングン伸びる
山田恵諦　人生をゆっくりと
山田正二監修　間違いだらけの健康常識
山田陽子　1週間で脚が細くなる本
山村竜也　新選組剣客伝
山村竜也　目からウロコの幕末維新
八幡和郎　47都道府県うんちく事典
唯川 恵　明日に一歩踏み出すために
唯川 恵　きっとあなたにできること
唯川 恵　わたしのためにできること
ゆうきゆう　「ひと言」で相手の心を動かす技術

養老孟司　甲野善紀　自分の頭と身体《からだ》で考える
吉松安弘　バグダッド憂囚
読売新聞大阪編集局　雑学新聞
李 康彦　木内 明　超初級「ハングル入門」の入門
李家幽竹　「風水」で読み解く日本史の謎
リック西尾　右脳速習・TOEIC®テスト英単語
リック西尾　英語で1日すごしてみる
竜崎 攻　真田昌幸
鷲田小彌太　「やりたいこと」がわからない人たちへ
鷲田小彌太　大学時代に学ぶべきこと、学ばなくてよいこと
和田秀樹　受験は要領
和田秀樹　受験は要領 テクニック編
和田秀樹　受験に強くなる「自分」の作り方
和田秀樹　わが子を東大に導く勉強法
和田秀樹　受験本番に強くなる本
和田秀樹　他人の10倍仕事をこなす私の習慣
渡辺和子　美しい人に
渡辺和子　愛をこめて生きる
渡辺和子　愛することは許されること
渡辺和子　目に見えないけれど大切なもの